中国港口经济腹地及港口辐射力研究

THE RESEARCH ON HINTERLAND
OF CHINA'S PORT ECONOMY AND
RADIATION POWER OF PORTS

毕珊珊　田佳　刘长俭　张硕　高天航　等著

企业管理出版社
ENTERPRISE MANAGEMENT PUBLISHING HOUSE

图书在版编目（CIP）数据

中国港口经济腹地及港口辐射力研究 / 毕珊珊等著.
北京：企业管理出版社，2025.6.
ISBN 978-7-5164-3302-7

Ⅰ. F552.3

中国国家版本馆 CIP 数据核字第 20259EU528 号

书　　名：	中国港口经济腹地及港口辐射力研究
作　　者：	毕珊珊　等
责任编辑：	尚　尉
书　　号：	ISBN 978-7-5164-3302-7
出版发行：	企业管理出版社
地　　址：	北京市海淀区紫竹院南路17号　　邮编：100048
网　　址：	http://www.emph.cn
电　　话：	编辑部（010）68414643　发行部（010）68701816
电子信箱：	qiguan1961@163.com
印　　刷：	北京拓问鼎印刷技术有限公司
经　　销：	新华书店
规　　格：	170毫米×240毫米　16开本　11.25印张　156千字
版　　次：	2025年6月第1版　2025年6月第1次印刷
定　　价：	86.00元

版权所有　翻印必究·印装错误　负责调换

前　言

经济全球化和区域一体化深入发展的新时代背景下，港口作为国家对外开放的重要门户和区域经济发展的核心引擎，其战略地位日益凸显。随着"一带一路"倡议的深入推进、RCEP 协定的全面实施以及国内国际双循环新发展格局的加快构建，中国港口行业正面临着前所未有的发展机遇与挑战。港口经济腹地的动态演变和港口辐射力的持续提升，不仅关系到港口自身的竞争力培育，更对区域经济高质量发展和现代流通体系建设具有重要影响。

当前，中国港口发展呈现出若干新特征。一是港口群协同发展格局逐步形成，各港口在功能定位、业务布局等方面需要更精准的腹地支撑；二是多式联运体系加速完善，港口腹地范围呈现向纵深腹地拓展、交叉腹地更加普遍的趋势；三是数字化、绿色化转型深入推进，对港口辐射力的评价提出了新要求；四是国际经贸环境复杂多变，港口需要更科学地评估其市场竞争力。上述新形势新要求促使传统港口腹地研究方法面临革新需求，亟需构建更加科学、精准的分析框架和技术手段。

本书立足于港口运输规划与管理、空间计量学和大数据分析等交叉学科理论，系统开展了中国港口经济腹地与辐射力的创新研究。研究团队基于大量文献研究和对中国港口经济腹地的调研，通过理论探索、方法创新和技术研发，创新性地提出港口辐射力指标体系，定量揭示了港口辐射力与各类影响因素间的相互作用强度，并由此研究提出了"两阶段港口腹地划分模型"及相关实证研究；此外，研究团队基于港口多维数据融合治理与动态可视化展示技术，成功开发了"港口辐射力分析系统"和"港口市场份额分析系统"专业应用系统软件，实现了从数据采集、特征分析、模型运算到分析结果可视化展示的全流程智能化分析，极大提升了研究效率和成果应用价值。本书的读者对象主要包括：港口与航运领域的科研人员和管理者，区域经济与产业规划的研究者和实践者，交通运输与物流行业的从业人员，以及相关专业的高校师生。

  本书共分为六章，采用"理论研究—模型方法—智能技术—实证测算"的研究框架，系统呈现了港口腹地与辐射力研究的完整知识体系。第一章为概述部分，从国家战略需求和行业发展现状出发，阐明研究背景和意义，全面梳理国内外研究进展，详细介绍研究方法和技术路线，并提炼主要研究结论。第二章聚焦港口腹地划分的影响因素，科学界定港口腹地的概念内涵和类型特征，系统分析我国港口布局的空间格局，深入探讨港口自身条件、腹地发展条件、港口与腹地联系等关键影响因素。第三章致力于港口辐射力指标体系的构建，遵循综合性、科学性、可操作性、可比性的原则，建立多维度评价指标体系，详细介绍各项指标的计算方法和权重确定方法。第四章重点研究港口腹地划分模型，在评述现有模型优缺点的基础上，创新性地提出两阶段划分模型，并详细阐述模型构建的理论基础和技术路径。第五章聚焦港口腹地划分智能分析决策技术，系统探讨在"港口辐射力分析系统"和"港口市场份额分析系统"应用系统软件研发中如何通过多源数据融合治理、动态可视化展示等技术，实现港口辐射力与市场份额的智能化分析。第六章以辽宁沿海港口为典型案例，应用前述理论和方法开展实证研究，分析腹地经济特征和港口发展现状，运用两阶段模型进行腹地划分，提出促进港口与腹地协同发展的对策建议。

  本书各章节作者如下。第一章：毕珊珊、田佳等；第二章：毕珊珊、孙瀚冰、田佳等；第三章：毕珊珊、田佳、陈沿伊、刘长俭等；第四章：毕珊珊、刘长俭、高天航等；第五章：张硕、黄焱、熊慧媛等；第六章：葛彪、穆长泽、陈沿伊、毕珊珊等。毕珊珊对全书内容做了统稿和修改完善，田佳、刘长俭、孙瀚冰、徐力对全书进行了审阅。

本书的出版，凝聚了交通运输部规划研究院港口经济腹地研究团队十余载深耕港口经济腹地领域的智慧结晶，期待本书的研究成果能够为各级政府及相关企业港口科学界定港口发展定位、制度发展政策及投资决策，避免港口同质化竞争和重复建设，提升港口竞争力，推动新时期港口高质量发展等提供有益参考。

尽管研究团队在理论创新、方法改进和技术研发方面付出了巨大努力，但由于研究问题的复杂性和动态性，书中难免存在不足之处，敬请批评指正。我们相信，随着研究的持续深入和实践的不断发展，港口腹地与辐射力研究必将取得更加丰硕的成果。

作　者
2025 年 1 月

目　录

第一章　概述 ... 1

第一节　研究背景 ... 1
第二节　研究综述 ... 3
1. 关于港口腹地互动关系的研究综述 ... 3
2. 关于港口腹地划分方法的综述 ... 4
3. 关于港口腹地划分的最新进展 ... 7

第三节　研究方法和技术路线 ... 9
第四节　主要结论 ... 11

第二章　港口腹地划分影响因素分析 ... 12

第一节　港口腹地定义及分类 ... 12
1. 定义 ... 12
2. 分类 ... 13

第二节　沿海港口服务腹地重点货类运输情况 ... 14
1. 环渤海地区港口群体 ... 15
2. 长江三角洲地区港口群体 ... 15
3. 东南沿海地区港口群体 ... 16
4. 珠江三角洲地区港口群体 ... 16

　　　　5. 西南沿海地区港口群体 ································· 17

　第三节　港口腹地范围主要影响因素分析 ······················· 17

　　　　1. 港口因素 ····································· 18

　　　　2. 腹地因素 ····································· 18

　　　　3. 港口与腹地联系因素 ····························· 19

　　　　4. 其他因素 ····································· 19

第三章　港口辐射力指标体系构建 ······················· 21

　第一节　构建原则与步骤 ······································ 21

　　　　1. 港口辐射力的内涵 ······························· 21

　　　　2. 指标体系构建原则 ······························· 22

　　　　3. 指标体系构建步骤 ······························· 23

　第二节　指标体系构建 ·· 25

　　　　1. 指标体系初步确定 ······························· 25

　　　　2. 指标体系筛选 ································· 35

　第三节　指标计算方法 ·· 39

　　　　1. 港口因素 a ································· 39

　　　　2. 腹地因素 b ································· 43

　　　　3. 港口与腹地的联系 c ··························· 44

　第四节　定权方法选取 ·· 45

　　　　1. 层次分析法 ··································· 46

　　　　2. 熵权法 ······································· 46

　　　　3. 组合赋权 ····································· 47

第四章　港口腹地划分模型研究 ························· 48

　第一节　现有港口腹地划分模型评述 ···························· 48

　　　　1. 空间分析类模型评述 ····························· 48

2. 经济调查类模型评述 ·· 50
　　　3. 数学物理类模型评述 ·· 53
　　　4. 理论结合类模型评述 ·· 65
　　　5. 小结 ·· 66
　第二节　两阶段腹地划分模型构建 ································ 68
　　　1. 构建思路及模型优势 ·· 68
　　　2. 基于港口辐射力的腹地划分模型 ······················· 72
　　　3. 基于市场份额的混合腹地划分模型 ··················· 74

第五章　港口腹地划分智能分析决策技术研究 ·············· 78

　第一节　港口腹地划分数据治理集成关键技术 ············· 78
　　　1. 港航腹地多源异构数据融合、降维、整备与稽核技术 ··· 78
　　　2. 港口竞争力"评价—跟踪—测算"全链条数据知识图谱 ······ 81
　第二节　港口腹地划分可视化展示关键技术 ················· 84
　　　1. 港口腹地划分三维动态图谱理论模型 ··············· 84
　　　2. 港口竞争力时空可视化展示GIS平台技术架构 ··· 86
　　　3. 多维时空数据可视化展示方案 ·························· 90

第六章　辽宁省沿海港口腹地划分实证研究 ·················· 95

　第一节　腹地基本情况 ··· 96
　　　1. 东北腹地经济发展现状 ······································ 96
　　　2. 东北腹地综合运输发展现状 ······························ 99
　第二节　辽宁省沿海港口基本情况 ······························· 101
　　　1. 地理位置 ··· 101
　　　2. 辽宁沿海港口发展历程 ······································ 101
　　　3. 港口运营状况 ··· 103
　　　4. 各港基本情况及发展重点 ··································· 108

　　　　5. 港口的地位与作用 ………………………………………… 110
　第三节　辽宁省港口的腹地划分 ……………………………………… 112
　　　　1. 基于港口辐射力的腹地划分 ………………………………… 112
　　　　2. 基于市场份额的混合腹地划分 ……………………………… 132

附录　相关论文集 ……………………………………………… 144

第一章 概述

第一节 研究背景

港口作为一种重要的资源，可以为腹地经济的发展提供良好的支持，同时，腹地也为港口产业的发展提供了经济基础，港口与腹地的关系是互惠共赢的。结合港口目前的发展现状以及新时代的发展转型需求，开展港口腹地的研究是十分必要的。一是港城发展协同度不高，港城集疏运体系有待进一步完善。中国大部分港口有良好的区位优势和广阔的经济腹地，但港口产业与城市经济的发展之间没有形成良好的协同效应，港城联系不够紧密，港产城联动发展机制仍需进一步探索。二是港口同质化严重。世界港口的分布规律表明，200千米以内不应建有同等规模的港口，而我国沿海地区却形成了以共享腹地为特征的平均550千米就建有一个1000吨级以上规模的港口群体系，同时邻近区域港口还存在着功能结构相似、腹地重叠的问题，由此导致了我国临近港口间结构性产能过剩严重、过度竞争等问题，对我国港口产业的发展造成了不利的影响。三是港口整合一体化发展转型。面对新时期的发展要求，港口群的资源整合与区域港口一体化成为我国港口发展的大势所趋。港口整合促使港口间的腹地竞争合作关系发生转变，由单个局部最优转化为港口群整体最优，各港口发展规划发生转变，腹地规模的认识是港口各项规划的必要前提。

随着港口发展模式的转变，原有的腹地划分模型不再适用。一是现有的腹地划分模型多研究单一港口或某两个港口的腹地范围，对全省及全国的港口缺乏宏观的认识；二是现有的腹地划分模型大多将腹地划分给某一个港口，随着港口的不断发展，港口间混合腹地的情况十分多见，现有模型对混合腹地的进一步研究甚少。一体化发展下，区域港口更注重于合理分工、合作共赢。现有的腹地划分模型大多将腹地划分为某港口的单一腹地，划分方式简单，没有考虑混合腹地的复杂性。因此，本书将构建一个适用于现代化港口发展模式的腹地划分模型，明确各港口所能辐射的最大腹地范围及腹地重叠区域，在明确混合腹地区域的前提下，进一步分析腹地重叠区域内各港口功能优势，促进重叠区域内各港口合理分工、协同一体化发展。

本书通过对港口腹地的定义、分类、形成条件基础和范围影响因素等几方面进行分析和完善，在系统评述总结前人研究成果的基础上对于港口腹地范围界定方法模型进行全面评述，研究构建符合现实背景并反映技术发展趋势的港口腹地划分模型。

第二节 研究综述

1. 关于港口腹地互动关系的研究综述

一般而言，港口腹地指港口周围的内陆区域，货物在该区域配送，或自该区域收集以运往其他港口。在传统观念中，港口腹地被认为是一个区域概念，指对港口经济有影响的大部分业务所在的或产生大量货源的地理区域。港口与内陆腹地连接的有效性对区域经济发展具有重要影响。事实上，港口与内陆腹地联系越紧密，港口经济区域扩大的潜力越大。

国外对于港口方面的研究开始较早。1934 年，德国学者高兹（Kauttu）发表了《海港区位论》，指出港口区位选择不仅要考虑海洋和海岸位置，还要考虑其腹地条件。20 世纪 50 年代后期，巴顿（Patton）、威格德（Weigend）和摩根（Morgan）通过研究指出了腹地对港口的重要性，表明腹地对港口的形成和发展具有重要的作用。20 世纪 60 年代，研究者们对港口和区域间的关系有了新的认识，指出港口在经济发展中的中心地位，并提出了空间经济发展模型。随着经济的发展，西方学者对港口的研究有了新的进步，研究对象由单个港口到区域整体，研究方向由陆向腹地到海向腹地。20 世纪 70 年代以后，研究港口间腹地竞争的影响因素时，扩展了对劳动力、港口可达性、铁路通达性以及土地利用等方面的研究，使得研究的范围扩大，考虑的相关因素增加，从而使研究的结果更准确。到了 20 世纪 80 年代以后，随着经济全球化的发展，航运业的发展得到了极大提高，港口竞争也更加激烈，学者们对港口与铁路运输腹地协作方面进行研究，认为随着经济和技术的进步，腹地范围将会不断扩大，港口与腹地的关系也更加复杂，并且呈现出多样化趋势。1995年，在港口与城市第五次国际会议（Fifth International Conference on Cities and Ports, 1995, Daker）上，港口与腹地关系研究成为一个热点问题，港口与腹地的研究一直延续至今。

2. 关于港口腹地划分方法的综述

国内对港口腹地划分的研究开始较晚，始于20世纪80年代以后，而且大多是定性研究，定量分析的较少，由于研究者研究领域不同以及研究结果运用方面的差异，不同的学者从不同的角度提出了腹地范围划分的不同方法，大都以空间分析为主和经济因素调查为主两个方向进行，其中从空间角度分析是研究的热点，经济调查分析研究较为实用。具体的划分方法分为以下四个方面。

（1）空间分析法

传统的行政区划法，这种划分方法简单但不实用，只适用于宏观层面上的研究，并且划分结果模糊不准确，比如习惯上就把大连港的腹地划为东北以及内蒙古东部地区，天津港的直接腹地就是京、津、冀、晋。然而随着交通运输业的发展，港口腹地范围已突破了行政界限不断扩展，例如广州港、深圳港的腹地不仅是珠三角区域，还有京广铁路和京九等铁路沿线的两湖、两广和江西等地。

圈层结构法主要考虑距离的远近，点轴法则主要从交通主干道方面考虑，二者主要用于城市密集的沿海港口的宏观分析。

图表法仅考虑到交通线的情况，忽略了港口和腹地的自然因素以及经济因素，划分简单具体但不准确，适用于港口附近区域范围。此方法一般分为平分角法和垂直线法，前者是用线将两条交通线之间的区域等距离分开，如果两条交通线平行就取等距线划分，若相交就取等角线划分；后者是对平分角法的改进，在划分时考虑了港口和场站位置对腹地的影响。

断裂点公式法从腹地城市规模和相邻两城市之间距离考虑，把相邻两城市吸引力达到平衡的点称为断裂点，一系列断裂点的连线构成城市的腹地边界。此方法也曾被学者多次用于研究城市腹地范围。

（2）经济调查分析法

区位商法运用区位商理论主要从货物运输量方面来研究，该理论原是用于表示某一地区某一行业专业化程度的高低，现在用于计算港口的腹地区位商，通过计算腹地某一地区的货源在港口的相对集中程度来反映港口对该腹地内这一地区的吸引力或者竞争力。

隶属度法主要考虑港口城市与港口腹地间的贸易总额，根据港口城市与港口腹地间的贸易总额之比来反映他们之间的关系，比值就是隶属度，比值越大二者的关系越紧密，反之，则关系较小。这个方法研究的指标也比较单一，依据此方法从宏观上将港口腹地划分为三种：紧密腹地，竞争腹地，边缘腹地。

（3）模型分析法

引力模型（牛顿模型）。引力模型是最广泛使用的研究相互作用的模型，主要从城市规模和距离两个方面来考虑港口对某一地的吸引力，以此来划分腹地范围。

电子云模型。该模型利用港口对腹地的吸引力同物理学中电子云的原理类似，把电子云模型应用于港口腹地划分，忽略了运输方式、货物类型等因素对模型的影响，考虑因素不够全面，划分的结果缺少一定的客观性。

威尔逊模型。威尔逊模型法综合考虑了城市的货物运输量、港口吸引力、区域影响力以及港口与城市间的距离因素，然而在实际应用中对于衰减因子的确定不易，划分的范围不够具体。

Huff 模型。Huff 属于引力模型的一般模式，通过计算某一腹地城市到港口的概率来划分港口的腹地，此模型是用于研究港口腹地的新方法。

烟羽模型。烟羽模型起源于大气高斯烟羽模式，该模式是一种基于物理过程的环境模式，为风洞实验所证实，并被广泛应用。后来，烟羽模型被引入交通影响范围的研究中。在港口对腹地的影响中，港口自身也是具有一定影响强度的，并且像污染物在大气中扩散一样，会不断向四周辐射它的影响力，能够辐射到的地方便可划为其腹地。烟羽模型可用于划分多个港口腹地。由于交通影响范围的确定会受到很多不确定因素的影响，交通量在路网中的分布与污染物在大气中的扩散在理论上是相似的。因此，结合交通影响的特点，运用烟羽模型对交通影响范围进行定量性的分析，既具有创新性又具有一定的应用价值。

（4）理论模型结合分析法

B-V 理论（断裂点理论 + 空间分割的 voronoi 图理论）。以"断裂弧"替代断裂点在现实中的应用，克服理论上的盲目性和随意性，界定出城市的合理影响范围。但是只能划分相邻港口间的腹地范围分界线。

断—电模型法。将断裂点理论与电子云模型法结合起来划分港口腹地范围，划分的结果也更加准确。

除了以上几类研究方法以外，还有一些学者另辟蹊径，从不同的角度考虑，提出了不同的划分方法。部分学者通过对 Logit 模型进行改进，从交通运输网络出发，计算货物运输的运输成本、时间成本和风险成本，从而比较不同港口对同一地区货源吸引力的差异，进行定量研究划分；还有学者采用 O-D 物流与图论原理相结合的方法计算港口经济腹地的范围，划分出山东省各港口的腹地范围；针对此问题，另有学者引入蚁群算法这一新兴的人工智能方法，建立了一个新的腹地范围划分方法，并以一个典型算例说明该算法的有效性。

目前对于港口腹地的划分方法有很多种，不同领域的学者采用不同的方法或者模型对港口腹地的范围做出了研究。在实际应用过程中，我们可依据不同港口不同腹地的实际情况，以及不同的应用领域采取合理的划分方法。

虽然目前对于港口腹地划分的方法有许多种，但这些方法都有以下共同之处：一是从研究对象上看，研究大多都侧重于对某一个或两个港口腹地范围的划分，比如大连港、青岛港、天津港、广州港等较大的港口，对港口群范围内各个港口腹地范围的划分研究较少，而关于港口群腹地范围的划分研究则要涉及一些间接腹地或者交叉腹地的研究；二是从研究方法上看，大多数学者的研究是定性研究，定量研究和实证分析应用的研究较少，虽然近几年用定量方法进行分析的研究越来越多，但研究的指标都比较单一，考虑因素不全面，划分不太准确；三是研究时没有从企业货主角度出发，考虑各种成本因素，比如港口的吸引力（装卸设施、服务质量等），运输距离，时间因素以及其他成本等，划分方法的实用性不强，且研究数据不易获得，一些物理模型方法的计算较为复杂。

3. 关于港口腹地划分的最新进展

（1）腹地划分由静态转变为动态

随着运输流程的标准化与经济全球化进程的加快，港口腹地的区域划分已经发生了变化，具有很大的波动性。这种波动性导致港口腹地间的平均距离显著增加，出现了内陆腹地区域的重叠和空间不连续。在现实中，港口腹地范围的划分并非一项简单任务，港口腹地时空演变问题引发了学界越来越多的关注。

（2）与先进技术相结合

目前有一些学者尝试将 GIS、ArcGIS、多源数据等引入港口腹地划分。有学者尝试运用地理信息系统（GIS）来划分港口腹地，既为消除主观因素影响又考虑到货主选择港口的随机性。

（3）港口选择决策权的转变

港口竞争过程中的港口选择决策权也经历了由托运人到承运人再到托运人的时间演化。学界开始通过文献总结和实地调研识别托运人港口选择影响因素，构建托运人港口选择评价指标体系并应用于托运人港口选择偏好模型，实现港口腹地的等级划分和竞争态势的动态刻画。

（4）面向全球化/地方化治理体系的港口—腹地研究

基于全球/地方化视角下的港口—腹地研究发展历程（图 1-1），在全球化背景下，国际集装箱港口与腹地间物质流、信息流、人才流的联系更加频繁。对外交流的频繁推动海向腹地成为学界研究的新兴热点，但海向腹地往往跨越国别边界、分割行政区，对研究造成了一定难度。现阶段学界还只停留在港口经济关系、贸易网络的构成、集装箱港口贸易关系的研究上。长远看，港口—腹地空间管制、要素流对传统区域政府管理模式的改变、港口企业行为对港口城市发展的影响等将是研究重点，特别是国内港口与境外腹地的区域合作将成为全球化背景下港口研究热点领域。总体看，全球化减弱了港口—腹地研究中区域行政边界的影响力，正逐步改变传统政府主导下的腹地管理模式。学界应突破传统国别边界，进一步推进区域与腹地的空间经济关系的研究。

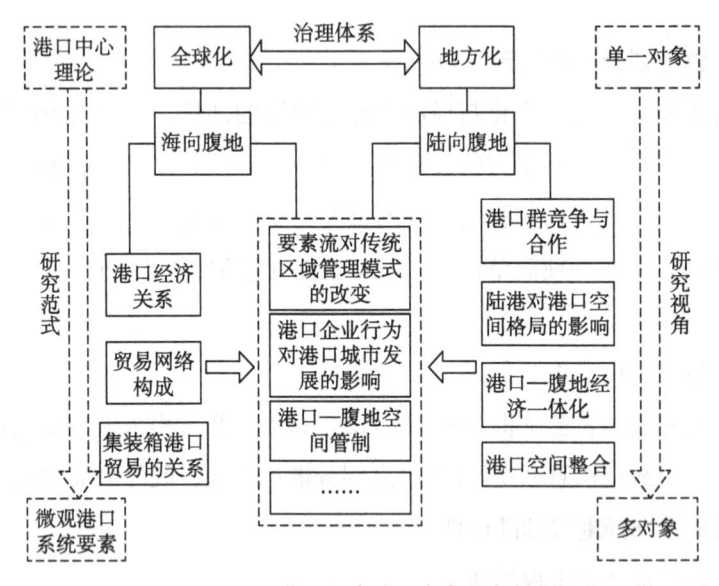

图 1-1　港口—腹地研究发展历程

"地方化"概念伴随全球化的出现，未来港口空间经济的发展将是"跨国界、多区域"的腹地竞争。实质的港口联盟、港口群将是地方化的主体。陆港内陆节点的建设将改变原有港口—腹地的空间格局。地方政府管理模式将面临更多的挑战。在"腹地微观主体"为中心的研究动向下，港口企业的治理权将向陆上延伸，影响传统港口—城市关系演化模式。随着港口—腹地范围扩大、联系度加深，港口—腹地的空间、经济方面整合或协调、一体化的发展进度将加快。港口—腹地的空间、经济两者耦合关系成为重要研究方向，空间经济理论将在港口—腹地研究中得到发展。面对国际大型港口的竞争，国内港口再定位/腹地的合理划分将有利于港口整合以及港口群经济区的形成，提高整体竞争力。趋向全球—地方化治理时代，港口—腹地关系更为复杂。在陆向腹地研究方面，港口间、港口与城市间的空间整合、区域空间管制是新兴的研究热点；在海向腹地研究方面，港口—腹地研究将突破传统国别限制，探究海向腹地与境内港口间关系及相应政府管理模式的变化。"时空压缩"特征并不是引导学者将精力全部放在港口—腹地宏观尺度研究上，小尺度下港口组成要素同样是关键。概而言之，在全球化与地方化并存态势下，学者应该运用立体网络思维，以港口与腹地为节点、以关系网络为纽带，实现"超越边界"式的探究。

第三节 研究方法和技术路线

本研究主要采用的研究方法包括文献研究法、德尔菲法、综合评价法。

（1）文献研究法

文献研究法主要指搜集、鉴别、整理文献，并通过对文献的研究形成对事实的科学认识的方法。文献法是一种古老而又富有生命力的科学研究方法。采用文献研究法，大量阅读文献结合专家咨询法进行港口辐射力指标选取。

（2）德尔菲法

德尔菲法也称专家调查法，其本质上是一种反馈匿名函询法，其大致流程是在对所要预测的问题征得专家的意见之后，进行整理、归纳、统计，再匿名反馈给各专家，再次征求意见，再集中，再反馈，直至得到一致的意见。本研究选取该方法进行港口辐射力指标体系的二次筛选。

（3）综合评价法

本研究采用层次分析法及熵值法组合定权。既能表现港口辐射力指标体系的层次性，又能通过严谨的数理关系降低定权过程中的过多主观性的影响。

技术路线如图 1-2 所示。

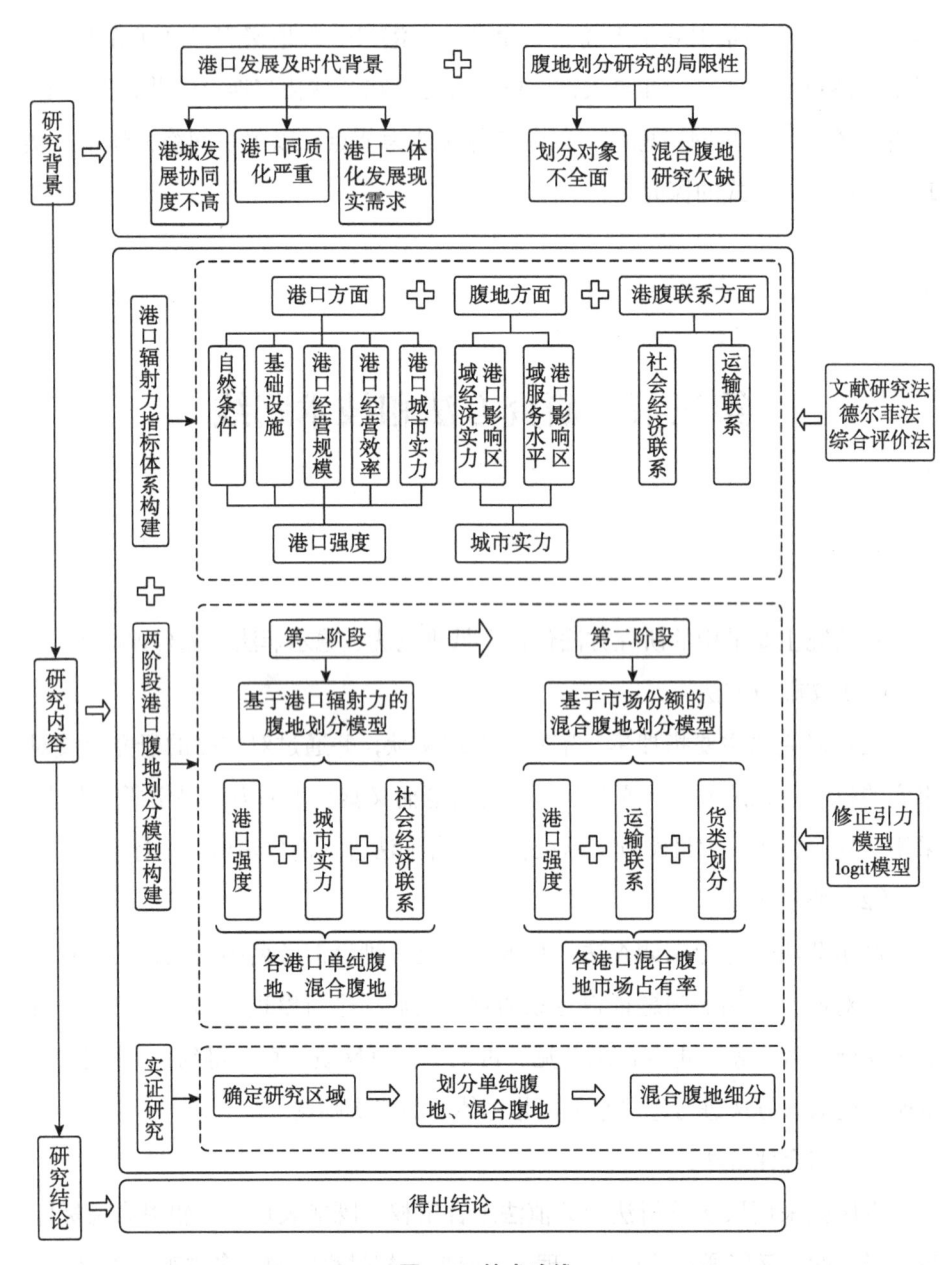

图 1-2　技术路线

第四节　主要结论

①对港口的定义及分类进行梳理。本书将港口腹地定义为与使用其他港口相比，货物使用该港口可以更快或更便宜地进行港口各项服务的地理吸引范围；并将港口腹地分为单纯腹地及混合腹地。对港口腹地划分影响因素进行分析，港口腹地影响因素主要是港口因素、腹地因素、港与腹地之间的联系因素以及其他因素。

②构建港口辐射力指标体系。从港口方面、腹地方面、港口与腹地之间的联系方面三个方面构建港口辐射力三级指标体系，利用文献研究法、德尔菲法筛选出港口方面5个二级指标、17个三级指标，腹地方面2个二级指标、5个三级指标，港口与腹地联系方面2个二级指标、7个三级指标。

③在评述以往腹地划分方法的基础上，构建港口腹地划分两阶段模型，第一阶段基于修正的万有引力模型构建港口初始腹地划分模型，第二阶段基于logit模型构建混合腹地细分模型。

④以东北地区港口为例，进行港口腹地范围划分，结果表明大连港的腹地包括大连、鞍山、辽阳、长春、吉林、四平、白山、辽源、松原、哈尔滨、齐齐哈尔、鸡西、鹤岗、大庆以及伊春。营口港的腹地包括营口、抚顺、铁岭、通化、白城、延边朝鲜族自治州、七台河、牡丹江、黑河以及绥化。锦州港的腹地包括锦州、阜新、朝阳、赤峰、通辽以及呼伦贝尔。丹东港的腹地包括丹东及本溪。葫芦岛港的腹地是葫芦岛。盘锦港的腹地是盘锦。大连港与营口港在沈阳、双鸭山、佳木斯的影响力相近，大连港与锦州港在大兴安岭、兴安盟的影响力相近，为混合性腹地。

第二章　港口腹地划分影响因素分析

第一节　港口腹地定义及分类

1. 定义

在各书籍及辞典中，腹地一词的出现最早就是指港口腹地，1885 年 George Chisholm 在《商业地理手册》中第一次引入德语中的 Hinterland（背后的土地），解释为港口的物资集散区域。20 世纪初，中心城市逐渐发展起来，Hinterland 和 Umland（周围的土地）逐渐被学者们相互混用，由此可见腹地概念已扩展至城市，港口腹地也逐渐有了更为专业的解释。《简明不列颠百科全书》中对腹地的解释是：腹地（Hinterland）是处于港口地理位置下方，通过港口进行对外贸易、货物的进出口和商品销售的城市区域范围。水运技术辞典对港口腹地的解释是：腹地是指港口对于腹地的旅客和货物运输能够产生吸引力，该地区的货物进出口和旅客的集散是通过该港口完成的。

学术界对港口腹地的现有定义大多从港口吸引范围角度来探讨。部分学者认为港口腹地是影响港口兴衰的重要基础，代表港口的服务和吸引范围，即港口吸引货物或旅客的范围。同时，也有学者进一步深入到了如何确定这样的港口吸引范围，即从时间、成本的角度来对港口腹地进行定义，将港口腹地定义为"能够用比使用另一个港口更便宜的成本或更短的时间到达的区域"。

综上，港口腹地的定义主要从港口吸引范围以及广义费用两个角度进行阐述。综合两个角度的定义，本研究认为港口腹地范围是指与使用其他港口相比，货物使用该港口可以更快或更便宜地进行港口各项服务的地理吸引范围。

2. 分类

腹地是近年来学术界使用较多的一个概念，但各人使用的腹地的概念却有较大区别。搜集目前学界对港口腹地的分类，有核心腹地、直接腹地、间接腹地、共享腹地、交叉腹地、竞争性腹地等，经总结将腹地分类进行归纳如表 2-1 所示。

表2-1　　　　　　　　　港口腹地分类归纳

划分角度	分类	
按港腹联系紧密程度	单纯腹地	核心腹地
		直接腹地
		间接腹地
	混合腹地	共享腹地（又称交叉腹地、竞争性腹地）
按港腹联系的方向	陆向腹地	
	海向腹地	
按港口腹地经济发展的特点	内向型经济腹地	
	外向型经济腹地	
按时间次序	现状腹地	
	远景腹地	

综上，考虑到本研究的重点为研究各港口腹地辐射范围和腹地交叉区域，本研究中的腹地分类采用张培林《运输经济地理》一书中的分类方法，将腹地分为单纯腹地和混合腹地。单纯腹地指一港独有的腹地，该区域内所需水运的货物基本经由本港；混合腹地指两个或两个以上的港口共同拥有的腹地，即数港吸引范围相互重叠的部分。两港口相对条件下，腹地分类情况如图 2-1 所示，单个港口腹地分类情况如图 2-2 所示。

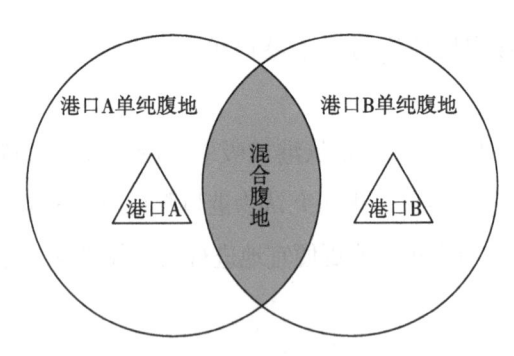

图 2-1　两港口相对条件下腹地分类示意图

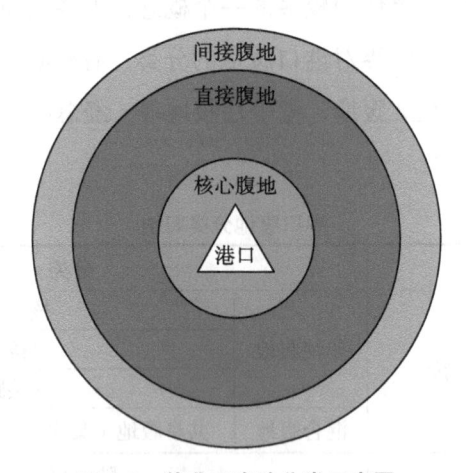

图 2-2　单港口腹地分类示意图

第二节　沿海港口服务腹地重点货类运输情况

根据不同地区的经济发展状况及特点、区域内港口现状及港口间运输关系和主要货类运输的经济合理性，全国沿海港口可大致划分为环渤海、长江三角洲、东南沿海、珠江三角洲和西南沿海 5 个港口群体。

1. 环渤海地区港口群体

环渤海地区港口群体由辽宁、津冀和山东沿海港口群组成，服务于我国北方沿海和内陆地区的社会经济发展。

辽宁沿海港口群以大连港和营口港为主，包括丹东港、锦州港等，主要服务于东北三省和内蒙古东部地区。其中，区域石油、液化天然气、铁矿石和粮食等大宗散货中转储运主要由大连港、营口港为主完成，部分由锦州港等承担；区域集装箱运输主要由大连港、营口港完成，部分由锦州港、丹东港等支线港或喂给港承担；此外，以大连港为主承担了区域的陆岛滚装、海上客运、商品汽车等运输需求。

津冀沿海港口群以天津港和秦皇岛港为主，包括唐山港、黄骅港等，主要服务于京津、华北及其西向延伸的部分地区。其中，北方煤炭下水运输主要由秦皇岛港、天津港、黄骅港、唐山港等完成；区域石油、天然气、铁矿石和粮食等大宗散货的中转储运主要由秦皇岛港、天津港、唐山港等港口为主完成；区域集装箱运输以天津港为主，部分由秦皇岛港、黄骅港、唐山港等支线港或喂给港承担；此外，以天津港为主承担了区域的海上客运、商品汽车等运输需求。

山东沿海港口群以青岛港、烟台港、日照港为主及威海港等港口组成，主要服务于山东半岛及其西向延伸的部分地区。其中，区域煤炭运输以青岛港、日照港为主布局专业化煤炭装船港，部分由烟台港等承担；区域石油、天然气、铁矿石和粮食等大宗散货以青岛港、日照港、烟台港为主，部分由威海港等承担；区域集装箱以青岛港为主，部分由烟台港、日照港、威海港等支线港或喂给港承担；此外，青岛港、烟台港、威海港为主满足区域陆岛滚装、旅客运输的需求。

2. 长江三角洲地区港口群体

长江三角洲地区港口群依托上海国际航运中心，以上海港、宁波港、连云港港为主，充分发挥舟山港、温州港、南京港、镇江港、南通港、苏州港等沿海和长江下游港口的作用，服务于长江三角洲以及长江沿线地区的经济社会发展。

该区域集装箱运输以上海港、宁波港、苏州港为主，南京港、南通港、镇江港等长江下游港口共同参与，部分由连云港港、嘉兴港、温州港、台州港等支线港和喂给港承担；区域进口石油、天然气接卸转储运以上海港、南通港、宁波舟山港为主，南京港共同参与；进口铁矿石中转运输以宁波港、舟山港、连云港港为主，上海港、苏州港、南通港、镇江港、南京港共同参与；煤炭接卸及转运以连云港港为主；粮食中转储运以上海港、南通港、连云港港、宁波舟山港和嘉兴港等共同承担；商品汽车运输以上海港、南京港等为主，陆岛运输以宁波舟山港、温州港等为主。

3. 东南沿海地区港口群体

东南沿海地区港口群以厦门港、福州港为主，包括泉州港、莆田港、漳州港等，服务于福建省和江西等内陆省份部分地区的经济社会发展和对台"三通"的需要。

福建沿海地区港口群煤炭专业化接卸由沿海大型电厂为主的货主码头完成；进口石油、天然气接卸储运以泉州港为主；集装箱运输主要由厦门港为主，福州港、泉州港、莆田港、漳州港等支线港口共同参与；粮食中转储运主要由福州港、厦门港和莆田港等完成；此外，宁德港、福州港、厦门港、泉州港、莆田港、漳州港服务区域陆岛滚装运输。

4. 珠江三角洲地区港口群体

珠江三角洲地区港口群由粤东和珠江三角洲地区港口组成。该地区港口群依托香港经济、贸易、金融、信息和国际航运中心的优势，在巩固香港国际航运中心地位的同时，以广州港、深圳港、珠海港、汕头港为主，相应发展汕尾港、惠州港等港口，主要服务于华南、西南部分地区，加强广东省和内陆地区与港澳地区的交流。

该地区煤炭接卸及转运系统由广州等港口的公用码头和电力企业自用

码头共同组成;集装箱运输系统以深圳港、广州港为主,汕头港、惠州港、珠海港、中山港、茂名港等为支线港或喂给港;进口石油、天然气接卸中转储运系统由广州港、深圳港、珠海港、惠州港、茂名港、虎门港等港口组成;进口铁矿石中转运输系统以广州港、珠海港为主;以广州港、深圳港等其他港口组成粮食中转储运系统;以广州港为主布局商品汽车运输系统;以深圳港、广州港、珠海等港口为主布局国内、外旅客中转及邮轮运输设施。

5. 西南沿海地区港口群体

西南沿海地区港口群由粤西、广西沿海和海南省的港口组成。该地区港口的布局以湛江港、防城港、海口港为主,相应发展北海港、钦州港、洋浦港、八所港、三亚港等,服务于西部地区开发,为海南省扩大与岛外的物资交流提供运输保障。

该地区港口集装箱运输以湛江港、防城港、海口港为主,北海港、钦州港、洋浦港、三亚港等共同发展;进口石油、天然气中转储运以湛江港、海口港、洋浦港等为主;进出口矿石中转运输主要由湛江港、防城港和八所港承担;粮食以湛江港、防城港为主。

第三节 港口腹地范围主要影响因素分析

港口腹地一方面为港口提供着大量的货源,另一方面又依赖着港口为其提供基础性的运输服务,双方面的作用导致了影响港口腹地范围的因素多种多样。总体来说,可以从港口因素、腹地因素、港口与腹地之间的关系、其他因素这四个研究角度着手分析。

1. 港口因素

港口因素包括港口自然地理条件、港口设施状况、港口经营水平以及港口所在城市的综合实力等因素。

①港口自然地理条件，包括港口是否占据优越的地理位置，码头岸线的长度，港口天然水深以及港口附近水域的水文状况等因素，这些都会直接影响港口的腹地范围。

②港口设施状况，包括港口泊位数量、泊位长度、堆场面积、港口集散货物水平、港口物流水平等，均直接影响港口对腹地的吸引力。此外，港口为吸引腹地货源还需关注是否具备满足各货类运输需求的多元航线、便捷的通关手续、低廉的港口使用费和配套综合服务平台（金融、贸易、保险、信息等）。因此，港口良好全面的基础设施是扩大其腹地范围的必要条件。

③港口经营水平也是影响港口腹地范围的重要因素。港口经营方式良好、管理有序，可以大大加快货物在港口的中转速度，大幅缩短车、货、船在港口的停留时间，为货主节省在途时间，进而能够增加其选择该港口进行货物运输的概率，从而提升港口吸引力和扩大港口腹地范围。

④港口所在城市的综合实力包括港口城市的人口数量、经济发展水平、产业结构等因素。这些都是影响腹地经济贸易活动的重要因素，腹地的经济贸易活动愈频繁，随之产生的运输需求就愈大，能够为港口提供愈多的货源。

2. 腹地因素

腹地因素表现为腹地经济实力、腹地行政归属两个方面。

①腹地的经济实力。腹地的经济实力强大，意味着对外贸易活动十分频繁，能够产生大量的货物运输需求，而腹地的对外贸易也会带来海外市场和资源的开拓与利用，为港口海向腹地的拓展提供巨大的契机。

②腹地行政归属。在计划经济时代，地区的行政归属直接决定了港口的腹地范围，提供给港口的货量也取决于行政区划的计划生产量。随着市场经

济的实施，行政区划对于港口腹地范围的影响逐步减弱，但是仍然影响着区域内货物的货源走向，行政区域内生成的运输需求仍然倾向于选择区域内的港口进行转运和出口。

3. 港口与腹地联系因素

港口与腹地的联系主要体现在以下三个方面。

①港口与经济腹地之间交通状况。港口与腹地间的运输便利性，如是否有运输大通道、两地物流业规模等；港口航线通达情况；港口腹地之间完备的集疏运体系，发达的物流运输网络，畅通的货源渠道可以加强港口与腹地之间的联系，增加对货主的吸引力。对于处于同一地理区位的港口群内部的港口，如果拥有较强的运输便利性，在吸引货源方面具有很强的竞争优势。

②港口与腹地间的距离和经济性。货主往往倾向于选择离其发货地较近的港口。若港口与货源地的运输距离过长，则运输成本必定会增高，即使港口的设备先进，管理水平高，能够加快货物在港口的周转效率，但是其较高的内陆运输费用仍然存在。由于高额的运输费用，货主往往不会选择该港口进出口货物。因此港口与腹地间的运输距离及运输的经济性都极大地限制了港口的腹地范围。

③腹地主导产业与港口的关联度。不同腹地同一经济指标对港口货物吞吐量的关联程度不相同，能够提供某种货物专业化服务的港口，其经济腹地正是相应货种的货源生成地。

4. 其他因素

除了上述因素之外，口岸环境如通关效率、通关服务、通关查验成本等因素也直接影响着港口对其腹地的吸引力。货主的个人偏好、港口与腹地之间历史文化背景、特殊需求和国家政策等因素同样影响着港口的腹地范围。货主与某港口之间有了合作关系，若没有特殊原因，往往不会改变其港口的选择。一些特殊的货种，如重大件设备或者油品运输，要求港口提供更为专业化的服务，只有配备了相应专业化设备、能够提供相应专业化服务的港口才能满足货主需求，此时该港口便是货主的唯一选择；另外，由于全球经济形势变化莫测，贸易活动也会不断地产生变化，会影响腹地所产生的货物需求量，港口应当根据现实情况，制定相应的政策措施进行预测和自身经营策略的调整。

第三章 港口辐射力指标体系构建

第一节 构建原则与步骤

1. 港口辐射力的内涵

港口腹地一方面为港口提供着大量的货源,另一方面又依赖着港口为其提供基础性的运输服务,在研究港口腹地范围中,不仅要单方面考虑港口因素、腹地因素,还要考虑港口与腹地之间的联系,以更加准确全面地确定港口的腹地范围。本章从港口因素、腹地因素、港口与腹地之间的关系这三个方面构建港口辐射力指标体系,为港口腹地范围的划分提供基础。

辐射力指一事物在较广范围内产生积极影响的能力。港口辐射力则是指港口在较广范围内对其他城市产生的积极影响能力。积极影响包括港口的外部扩散能力和腹地经济内部吸收水平,其中港口的外部扩散能力更多取决于港口自身的竞争力,而腹地经济内部吸收水平更能体现港口与腹地之间空间、经济等方面的联动。

与港口辐射力不同,港口竞争力是指港口企业在竞争市场的环境中为其服务的企业和行业提供优质的服务能力和机会,从而达到港口企业自身利益最大化。而港口辐射力更能体现港口与城市经济空间耦合关系、可达性与经济扩散特征、城市空间联系等方面，具体见表3-1。因此，本研究在确定港口的腹地划分时，以港口辐射力指标体系作为划分腹地的基础。

表3-1　　　　　　　　港口辐射力与竞争力的区别

	港口竞争力	港口辐射力
参考文献	《基于因子分析法的宁波舟山港竞争力研究》	《基于强度模型的环渤海港口群辐射能力定量价值评估分析研究》
定义	港口企业在竞争市场环境条件下，通过港口企业自身内部资源的配置、整合及优化，其港口的货物吞吐量在市场上的占有率情况、港口企业创造出的核心价值以及对企业经济快速增长等方面相较于其他港口所具备显著的竞争性优势能力	港口辐射力取决于港口的外部扩散能力和腹地经济内部吸收水平。因此，在定量分析港口辐射能力时选取港口生产规模指标作为港口外部扩散性衡量依据，选取对外贸易额和城市经济发展指标作为腹地经济内部吸收性衡量依据
本质	港口本身具备的优势能力	港口为周边提供的动能大小

2. 指标体系构建原则

构建港口辐射力指标体系的重要内容是选取合理的指标。准确合理的指标不仅应该能够准确地反映港口辐射力，同时应具备易于收集和应用的特征。目前，虽然很多学者或组织对构建指标时所遵循的原则进行了相关研究，但在实践检验中由于受到实践条件、经费问题以及精度等诸多条件的影响，致使指标筛选不能在满足所有原则的理想状态下进行。因此，本研究指标体系构建遵循综合性原则、科学性原则、可操作性原则、可比性原则。

综合性原则。从影响港口辐射力的各个方面精选具有代表性的综合指标，指标体系具有概括性，能够用尽可能少的指标来反映港口综合辐射力水平。为使不同港口的辐射力能够比较，在指标设计时，考虑指标统计口径等因素。而且对同一指标体系中的绝对数和相对数进行指标数据的标准化、归一化等方面的处理，使数据在无量纲的条件下可比。

科学性原则。从港口辐射力的关键因素出发，港口辐射力指标体系是由一系列相互独立且有一定关联性的指标所构成的有机整体，选取反映港口辐射力水平的系列指标，并使指标体系及指数的计算方法科学合理。

可操作性原则。所设指标应能够获得较为准确的数据，使量化的评价与监测可以进行。首先要求大部分的数据能够获得并便于计算，这些数据可以通过查阅各种综合年鉴和专业年鉴获得，或者到相关部门调查取得。其次要求指标容易量化，定量指标应确定其可信度，尽量少用定性指标，可选取能间接赋值或可以经过计算转化的定性指标，从而避免造成过度主观性指标对客观体系的干扰。

可比性原则。可比性原则有两方面的含义：一方面，指标应当在不同的时间或空间范围上具有可比性，那些在不同港口之间差别不大的指标不列入指标体系；另一方面，在不同港口之间进行统计时，指标的口径、范围必须一致，指标设计在名称、含义、内容、计算单位和计算方法等方面必须科学明确，没有歧义，以便减少指标数据收集和统计工作中的误差。

港口辐射力指标构建原则见表3-2。

表3-2　　　　　　　港口辐射力指标构建原则

基本原则	内容
综合性	从各方面精选代表性的指标
	指标体系具有概括性
科学性	被专家认可的反映港口辐射力的重要方面
	相互独立且有关联性的有机整体
	计算方法科学合理
可操作性	指标能够获得准确数据，易于获得，易于定量
可比性	指标在不同的时间或空间范围上具有可比性
	指标的口径、范围一致
规范性	指标符合相应的规范要求
导向性	应能引导和促进港口腹地范围划分水平的提高

3. 指标体系构建步骤

（1）资料收集

在构建港口辐射力指标体系时，需要提前做好准备工作。为方便专家对港口辐射力进行打分筛选,需要对港口辐射力进行初步收集。在前期准备工作中,本研究采用文献研究法。通过大量阅读相关文献,进一步整理分析,并且对港口辐射力指标进行频次统计,利于指标体系的初步构建。

(2)德尔菲调查法

在前期的准备工作中,将已得到初步的港口辐射力指标体系反馈给专家进行问卷调查,进行两轮调查问卷发收,每位专家对调查问卷中指标的重要性进行打分。每一轮咨询结束后,都会对专家意见进行统计分析。在指标筛选时,保留专家意见大于等于3分的指标,剔除小于3分的指标。港口辐射力的指标及得分标准是:非常合适、比较合适、一般、不合适、非常不合适,得分标准分别设为5分、4分、3分、2分、1分。除此之外,假设调查中某位专家对某个指标的评分为非常不合适,必须给出理由,并同时发送给各专家,如若多数专家达成共识也可将此指标删除。

(3)可靠性分析

专家统一意见后,得到港口辐射力的指标体系,需要对结果进行可靠性分析,可以从专家积极性、专家意见权威系数、专家意见协调系数三个方面进行可靠性分析。

(4)指标原始值的确定

定性指标可根据前人的研究成果、专家经验、国际惯例等方法确定指标原始值。定量指标可通过实地测量、统计数据、相关报告数据披露结合公式计算得到指标原始值。

(5)指标定权的确定

权重确定应综合采用主观与客观两种赋权方法。本研究采用层次分析法及熵值法组合定权,既能表现港口辐射力指标体系的层次性,又能通过严谨的数理关系降低定权过程中的过多主观性的影响。

其中港口辐射力指标体系构建流程如图3-1。

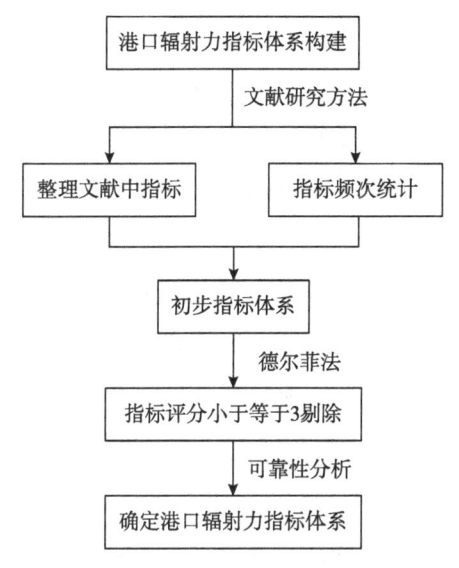

图 3-1　港口辐射力指标体系构建流程图

第二节　指标体系构建

1. 指标体系初步确定

选用德尔菲法构建辐射力指标体系，需要提前做好资料整理收集工作。为方便专家对港口辐射力进行打分筛选，需要对港口辐射力进行初步收集。在前期准备工作中，本研究采用文献研究法。

文献研究法主要指搜集、鉴别、整理文献，并通过对文献的研究形成对事实的科学认识的方法。文献共有"普通图书、报纸、期刊"等 12 种类型。其中，期刊文献汇集了理论界的最新成果，具有学术时效性。因此，本研究主要通过期刊文献进行港口辐射力指标的初步收集。

本研究运用文献研究法收集港口辐射力初步指标的思路为：首先检索港口辐射力的相关文献，在此基础上，分析文献中港口辐射力指标的选取依据以及深层逻辑，进而对文献中提到的指标进行总结归纳。为提高本研究建立指标体系的可靠性，对整理好的指标进行频次统计，形成初步的指标体系，方便专家进一步筛选、修正。

为保证权威性，本研究期刊文献检索选择国内规模最大的"中国知网"数据库。同时，为确保文献检索的全面性和准确性，本研究首先最大范围地检索有关期刊文献，随即排除指标体系高度重合的文献，对余下文献进一步总结归纳。

（1）文献初次检索

第一步，选择关键词。为防止因概念泛化而导致的检索结果分散，又避免因检索领域过窄而造成的检索结果缺失，结合研究需要，本研究选择"港口辐射力""港口竞争力""腹地划分"等关键词依次检索。

第二步，选择检索项。为全面准确进行检索，本研究运用"中国知网期刊全文数据库"中的"篇名""主题""全文"三个检索项依次进行检索。

在关键词和检索项确定后，本研究搜集了大量文献，对50篇文献进行初步筛选。

（2）文献总结归纳

初步筛选的文献部分存在指标体系相似度高的问题，因此对文献初步筛选后，重点整理了20篇文献作为本研究港口辐射力指标体系建立的支撑。

其中，共收集二级指标91个，三级指标376个。初步得出在对港口辐射力指标构建时，港口自身实力、城市支撑、腹地实力、港口与腹地间的联系等都是重点考虑的方面。文献中港口自身实力强调港口的自然条件、港口的规模、效率等。城市支撑及腹地实力文献中侧重用经济指标GDP衡量。港口与腹地的联系有物理空间上的距离，也包括政治经济等因素。在对文献整理时，有文献提到港口企业的经营利润，因本研究以港口为单位，企业与港口的所属关系复杂，因此该类指标在本研究中不予考虑。

具体文献整理表格如表3-3。

表3-3 文献相关指标收集

参考文献	一级指标	二级指标
许美贤，郑琰.绿色低碳港口竞争力评价[J].物流技术，2019，38（7）：60–64. DOI：10.3969/j.issn.1005-152X.2019.07.012.	物流规模能力	港口的航线覆盖能力、货物吞吐能力、港口集疏运能力
	基础设施	机械作业水平、信息化管理能力、港口泊位能力
	低碳绩效	清洁能源使用率、固体垃圾无公害化率、硫化物排放总量
	腹地经济发展能力	港口腹地外贸经济进口总额能力、腹地经济总体贡献能力、港口腹地城市GDP
	物流影响力	港口航线数量、船舶污染事故次数、友好港口数量
黄晗，莫东序，程婉静.基于ANP模型的绿色港口竞争力评价[J].技术经济，2017，36（2）：117–122. DOI：10.3969/j.issn.1002-980X.2017.02.015.	生产营运规模	出口额、货物吞吐量、集装箱吞吐量
	成本控制	固定成本、管理成本
	物流影响力	航线总数、友好港口数量、港口腹地面积
	基础设施	海上通行能力、陆上集疏能力、机械作业水平
	污染控制	环境投入、单位GDP能耗、单位GDP的SO_2排放量
谢新连，朱云琪，田聪.基于证据理论的港口竞争力评价与发展建议[J].重庆交通大学学报（自然科学版），2021，40（8）：1–6, 24. DOI：10.3969/j.issn.1674-0696.2021.08.01.	港口自身能力	码头长度、万吨级以上泊位数、港口货物吞吐量、集装箱吞吐量
	城市支持能力	地区生产总值、外贸进出口总额、工业对地区生产总值的贡献率、固定资产投资总额、平均每户接入的互联网宽频量
	海运服务能力	水运货运周转量、其他运输货运周转量、运输及仓储对地区生产总值的贡献率
	港口对城市的经济贡献	水上运输业占地区生产总值的比重、水上运输业从业人数占地区从业人数的比重、装卸搬运和运输代理业从业人数占地区从业人数的比重

续表

参考文献	一级指标	二级指标
刘翠莲，庄海林，张群淑. 基于熵权-云模型的环渤海邮轮港口竞争力评价[J]. 重庆交通大学学报（自然科学版），2021，40（7）：8-15. DOI：10.3969/j.issn.1674-0696.2021.07.02.	经济条件	港口城市第三产业增加值、所在城市人均生产总值、城市居民人均可支配收入
	交通条件	公路通车里程、港口与市中心时间距离、港口与火车站时间距离
	旅游条件	4A级及4A级以上景区数量、星级及星级以上酒店数量、接待邮轮数量、接待游客数量、国际旅行社数量
	港口条件	通航期、航道水深、码头前沿水深、设计通过能力
	服务水平	船舶维修保养能力、物料供应水平、引航服务
	发展潜力	建设港口投资金额、政府政策支持力度、人才培养情况、节能减排技术
张俊凯. 供应链环境下港口竞争力评价[J]. 大科技（科技天地），2010（8）：25-27.	内部条件	航道水深、吞吐量、年作业天数、港口设备条件
	经营环境	航运市场发育程度、政府支持程度、腹地经济GDP、腹地对外贸易、集疏运能力
	经营管理能力	装卸效率、平均通关时间、信息化水平、年利润率、年利润增长率
陈露露. 环渤海主要港口竞争力评价研究[J]. 城市建设理论研究（电子版），2014（31）：2994-2995. DOI：10.3969/j.issn.2095-2104.2014.31.2006.	自然因素	地理区位条件、深水岸线及深水泊位资源、气候条件
	硬件设施条件	泊位数量和大小、机械设备、港口堆场面积
	港口经营水平	港口的营业收入、净利润、利润率
	港口腹地经济	经济发展水平、外商投资
陈双喜，戴明华. 港口竞争力评价模型与东北亚港口竞争力的评价[J]. 大连海事大学学报（社会科学版），2006，5（4）：39-43. DOI：10.3969/j.issn.1671-7031.2006.04.010.	港口腹地经济	城市支持系统、腹地经济总量、腹地产业结构、外贸联系程度
	港口空间优势	濒临航运干线距离、腹地货品运距、航道水深条件、内陆交通支持
	港口硬环境	港口吞吐能力、装卸设备能力、仓储设备能力、船舶容纳能力、港口泊位数量
	港口软环境	优惠政策支持、管理效率、进港时间延迟程度、港口拥挤程度、信息化程度、集装箱化程度、国际化程度、费率制度优劣程度、费率高低程度

续表

参考文献	一级指标	二级指标
王金利．深圳集装箱港口竞争力评价研究[D]．大连：大连海事大学，2019.	硬件基础	地理位置、年作业天数、最小通航保证水深、航道宽度、集装箱泊位数量、堆场面积
	运营能力	集装箱吞吐量、装卸效率、集疏运能力、港口服务水平、港口费率、集装箱航线数量
	直接腹地条件	进出口贸易总额、城市GDP、第三产业总值、国家政策力度
	发展的潜在能力	集装箱吞吐量增长率、城市GDP增长率、进出口贸易额增长率、政府支持力度
徐风光．港口竞争力评价研究[D]．大连：大连海事大学，2005. DOI：10.7666/d.w030118.	港口规模	吞吐量、开辟航线数、港口设计通过能力
	港口外部环境	自然环境、商业运作环境、经济环境
	服务水平	装卸效率、通关效率、信息服务便捷程度
	资本运营能力	融资能力、投资前景、负债能力
	现代化管理水平	GPS、EDI系统、安全监控系统、管理信息系统
陈瑞．基于生态位–TOPSIS的长江以南主要港口竞争力研究[D]．大连：大连海事大学，2020.DOI：10.26989/d.cnki.gdlhu.2020.001311.	硬件条件	泊位总数、堆场面积、装卸器械数量
	运营能力	货物吞吐量、外贸货物吞吐量、集装箱吞吐量、引航艘次
	财务状况	港口净利润、港口投资总额、资产收益率
	腹地支持	第三产业增加值、第二产业占GDP比重、外贸进出口总额、公路覆盖密度
	发展潜力	货物吞吐量增长率、港口净利润年增长率、技术人员总数
	基础设施	规划面积、投入资本、就业人数、物流设备及运输车辆、物流技术、机械化装卸率、港口岸线、堆场面积、危险品存储、泊位数
宋扬．生态集约视角下内河港口竞争力与综合效率评价研究[D]．大连：大连海事大学，2020.DOI：10.26989/d.cnki.gdlhu.2020.001105.	内河港口经济效益	内河港口生产总值、集装箱吞吐量、费用费率、旅客吞吐量
	内河港口管理	碳排放强度、职工月均工资、低碳技术、废水排放、低碳规划政策、通关效率、管理制度、员工素质、再生资源利用率、废弃物处理率、健康合法的工作环境、投诉机制、集疏运系统水平
	经济发展	城市物流发展程度、城市GDP、城市工业产业增加值、地区年进出口额
	政策	优待政策、人才建设、政府关注度、国际环境
	交通发展	港口通达度、航道里程、城市面积、城市公路条件、城市铁路条件、运输工具噪声

续表

参考文献	一级指标	二级指标
宋扬.生态集约视角下内河港口竞争力与综合效率评价研究[D].大连:大连海事大学,2020.DOI:10.26989/d.cnki.gdlhu.2020.001105.	利益相关者	反馈信息及时度、客户投诉渠道、服务水平、明确利益相关者个数、为其服务的城市个数、具有专项沟通渠道
	集约文明	土地利用率、土地开发强度、是否垃圾分类、氮氧化物排放、耕地保有量、工业用水、人均生活用水、地区干旱指数、万元工业增加值用水量、水质、水资源利用率、人均房屋建筑面积、建筑密度、森林覆盖率、环保水平、PM2.5
刘景山.江苏"一带一路"交汇点建设中连云港港口竞争力提升策略研究[D].徐州:中国矿业大学,2020.DOI:10.27623/d.cnki.gzkyu.2020.000764.	港口区位条件因素	靠近国际航线距离、港口的气候条件
	港口硬件支撑因素	堆场布局、泊位数、万吨级泊位比例、集装箱航线、集疏运体系水平、机械化水平
	港口经济支撑因素	腹地经济规模、第二产业比重、进出口额比重、投资能力
	港口吞吐能力	货物吞吐量、集装箱吞吐量、货物吞吐量增长率、集装箱吞吐量增长率
	港口发展的软环境	口岸环境、节能环保、经营环境、信息化水平
	港口企业的经营水平	营业收入、收益率
邹心怡.考虑集疏运能力的港口竞争力评价研究[D].广州:华南理工大学,2020.DOI:10.27151/d.cnki.ghnlu.2020.004468.	港口成本	装卸费、仓储费、滞期费、托航费
	港口效率	运输时间、货物吞吐量
	港口服务	服务时间、服务类型(物流、金融、娱乐、修船、装卸、车辆服务)
	集疏运能力	港口对港口的航运服务升级到门对门的服务
祖慧.秦皇岛港竞争力评价研究[D].秦皇岛:燕山大学,2019.DOI:10.27440/d.cnki.gysdu.2019.000269.	港口自然条件	航道水深、岸线长度、水域面积
	港口基础设施	港口泊位数、万吨级泊位数、集装箱泊位数、堆场总面积
	港口生产经营能力	年通过能力、港口货物吞吐量、集装箱吞吐量、集疏运系统
	港口经营环境	港口城市GDP、港口城市外贸进出口额、外贸进出口额增速、港航合作程度
	港口服务水平与发展	信息化服务水平、政府重视程度、港口未来发展规划

续表

参考文献	一级指标	二级指标
朱俊敏.基于熵权和TOPSIS法的宁波舟山港竞争力研究[D].舟山：浙江海洋大学，2019.DOI：10.27747/d.cnki.gzjhy.2019.000151.	营运规模	集装箱吞吐量、外贸货物吞吐量、港口泊位数
	基础设施条件	万吨级以上的泊位数、码头泊位长度
	财务状况	港口总资产、港口利润总额、港口投资总额
	管理水平	服务水平、管理模式创新、港口环境保护与防治
	港口发展潜力	港口城市GDP增长率、外贸进出口额增长率
郭琦.长江三角洲港口竞争力研究[D].曲阜：曲阜师范大学，2019.	基础设施	泊位数、万吨级泊位数、码头长度
	营运规模	货物吞吐量、集装箱吞吐量、外贸货物吞吐量
	发展潜力	货物吞吐量增长率、集装箱吞吐量增长率、外贸货物吞吐量增长率、人均产值、港口员工教育程度研究生及以上人数
	腹地环境	城市GDP、第二产业增加值、第三产业增加值、外贸进出口总额、单位GDP能耗
	财务状况	总资产、净利润、资产负债率
李超.环渤海地区集装箱港口竞争力评价研究[D].大连：大连海事大学，2017.	自然条件	地理位置、泊位水深
	基础设施	泊位数量、装卸机械数量、码头岸线长度、堆场面积
	经营环境	腹地经济实力、集疏运能力、航班密度
	营运能力	吞吐量、装卸效率、通过成本
	软资源	政府支持力度、信息化程度
周雅琨.基于"一带一路"战略的环渤海区域港口竞争力分析[D].大连：大连海事大学，2017.	港口自然条件	进出港航道水深、码头前沿水深、港口气候条件、区位
	港口生产技术水平	泊位数、泊位总长度、集装箱吞吐能力、堆场有效面积、堆场作业机械台数、水平搬运机械台数
	港口经济腹地	港口腹地GDP、常住人口、外贸总额
	港口运营条件	平均航班密度、航线覆盖面、公路密度
	海铁联运条件	铁路线长度、海铁联运箱量、中欧铁路直达班列线数、距离铁路主干线的距离

续表

参考文献	一级指标	二级指标
Wang X, Chen M. A Comprehensive Research on Evaluation of Port Competitiveness Factors[C]//2016 12th International Conference on Computational Intelligence and Security, Wuxi, China: IEEE, 2016: 362–365.	自然条件	港口位置、航道水深、泊位水深
	经济环境	城市GDP、工业产值、外贸额
	基础设施	码头长度、堆场面积、深水泊位数量
	运行条件	港口信息服务水平、通关效率、港口费用
	服务能力	货物吞吐量、集装箱吞吐量、物流服务水平
Yang P, Mao H. Analysis on Competitiveness of Port Logistics along the Yangtze River in Jiangsu[C]//2021 International Conference on E-Commerce and E-Management, Dalian, China: IEEE, 2021: 65–68.	港口基础设施	泊位数量、万吨级泊位数量、码头长度
	港口物流规模	货物吞吐量、集装箱吞吐量、外贸吞吐量
	城市经济水平	GDP、第二产业比重、第三产业比重、进出口额
	港口发展潜力	GDP增长率、货物吞吐量增长率、集装箱吞吐量增长率、进出口额增长率

（3）指标频次统计

表3-3共整理二级指标91个，三级指标376个。为方便进一步的专家咨询，对表中的三级指标进行频次统计，在文献中出现频次高的指标进入下一阶段筛选。具体见表3-4。

表3-4　　　　　　　　指标初步统计

指标	频次
深水泊位数	13
货物吞吐量	13
集装箱吞吐量	12
GDP	12

续表

指标	频次
外贸额	11
水深条件	9
堆场面积	9
装卸效率	9
码头总长度	8
地理位置	7
集疏运能力	7
气候条件	6
航线数量	5
口岸环境	5
港口费率	5
港口物流水平	4
工业产值	4
与大通道的距离	3
距离	2
城市物流水平	2

通过对三级指标的频次统计，发现以往文献常用深水泊位数、货物吞吐量、集装箱吞吐量、水深条件、堆场面积、装卸效率、码头总长度等衡量港口自身实力。其中地理位置、气候条件及水深条件作为衡量港口自然条件的指标；深水泊位数、堆场面积、码头总长度等衡量港口的基础设施；货物吞吐量、集装箱吞吐量、航线数量、港口费率等反映港口经营规模；口岸环境、装卸效率、港口物流服务水平等反映港口经营效率。在体现经济实力方面，文献中大量使用 GDP、外贸额、工业产值等指标。在港口与腹地的联系中，文献中侧重运输与社会经济的联系。

以上对文献的整理研究，可以初步筛选出一些指标，同样为下文指标体系的构建提供思路。指标体系构建从港口因素、腹地因素及港口与腹地的联系三方面考虑，其中港口因素可以从自然条件、基础设施、港口经营规模及港口经营效率方面衡量，腹地体现经济实力及综合服务水平，港口与腹地的联系考虑港口与大通道的距离、港口与腹地的距离、经济因素等。

（4）指标体系初步构建

根据文献中港口辐射力的分析，港口辐射力受到港口因素、腹地因素以及港口与腹地的联系的影响。每一个因素都处于不同的视角，都对港口辐射力存在不同的影响力度。根据参考文献中各指标出现的频次及专家咨询结果，初步构建三级指标体系，其中一级指标3个，二级指标7个，三级指标32个，如表3-5所示。

表3-5　　　　　　　　初级港口辐射力指标

一级指标	二级指标	三级指标
港口因素 a	自然条件 a_1	地理位置 a_{11}
		水深条件 a_{12}
		年作业天数 a_{13}
	基础设施 a_2	深水泊位数量 a_{21}
		码头总长度 a_{22}
		堆场面积 a_{23}
	港口经营水平 a_3	货物吞吐量 a_{31}
		集装箱吞吐量 a_{32}
		开辟航线数量 a_{33}
		港口费率 a_{34}
		口岸环境 a_{35}
		装卸工时效率 a_{36}
		港口物流服务水平 a_{37}
		管理水平 a_{38}
	港口所在城市实力 a_4	城市 GDP a_{41}
		工业产值 a_{42}
		城市外贸额 a_{43}
		城市常住人口 a_{44}

续表

一级指标	二级指标	三级指标
腹地因素 b	港口影响区域实力 b1	区域 GDP b_{11}
		区域常住人口 b_{12}
		区域外贸额 b_{13}
		区域工业产值 b_{14}
		区域主导产业实力 b_{15}
		区域的物流服务水平 b_{16}
		区域的商贸、金融、法律、信息等综合服务水平 b_{17}
港口与腹地的联系 c	港口与腹地的运输联系 c1	与运输大通道的距离 c_{11}
		运输费用 c_{12}
		运输时间 c_{13}
		运输距离 c_{14}
	港口与腹地的社会经济联系 c2	港口与腹地的行政联系 c_{21}
		港口与腹地的经济联系 c_{22}
		客户偏好 c_{23}

2. 指标体系筛选

在初级港口辐射力指标体系的基础上，结合德尔菲法，征询专家建议，构建具有广泛认可性的指标体系。

（1）第一轮专家问卷调查结果

①专家基本情况。本研究遴选交通运输规划和航道工程领域专家10人，平均年龄45岁，其中男性8人，女性2人，具有博士学历9人（占90%），职称以教授级高工为主，有6人（占60%）工作年限主要集中在15至20年。

②专家评价统计结果。以第一回合德尔菲法进行指标筛选为例，描述指标统计结果，采用专家判断得分的平均数来确定专家意见的一致性程度。根据专家意见，保留大于等于3分的指标，剔除小于3分的指标。根据评价结果发现初级指标体系中，有一些指标小于3分。第一轮指标评价结果如图3-2、图3-3、图3-4所示。

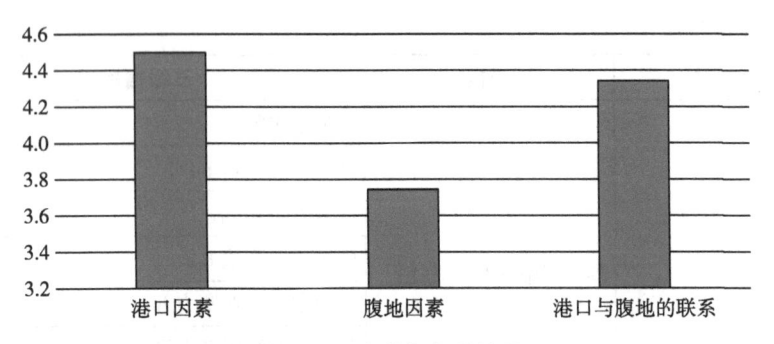

图 3-2　一级指标评价结果

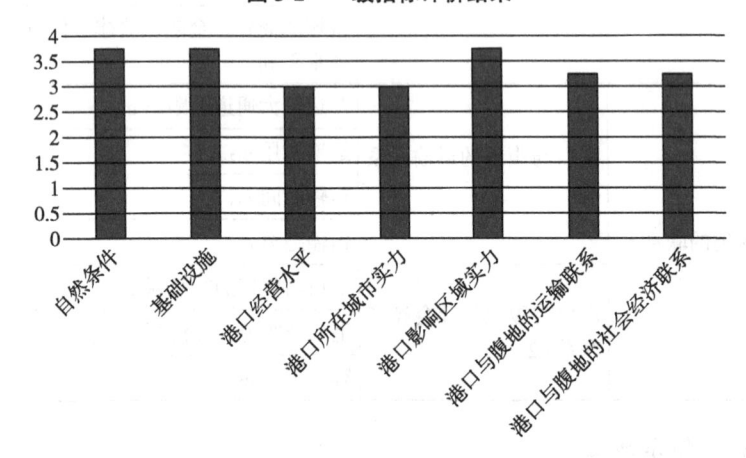

图 3-3　二级指标评价结果

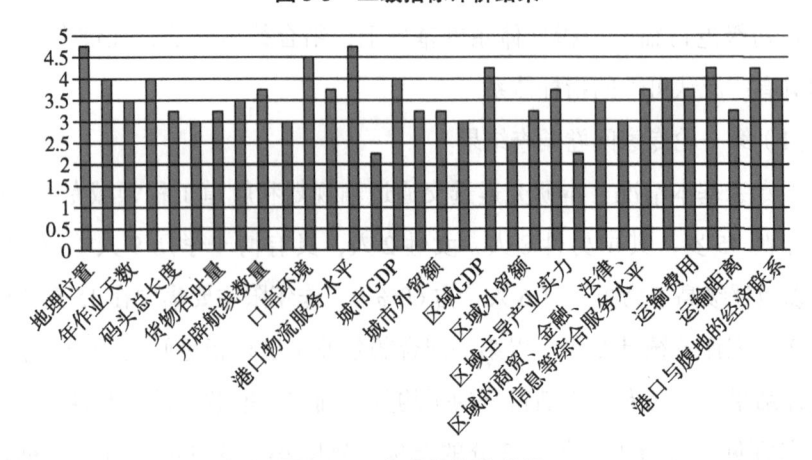

图 3-4　三级指标评价结果

根据以上评价结果可知港口辐射力指标体系中一级指标港口因素、腹地因素以及港口与腹地的联系指标评分均大于 3 分，予以保留。

二级指标中，自然条件、基础设施、港口经营水平、港口所在城市实力、港口影响区域实力、港口与腹地的运输联系、港口与腹地的社会经济联系指标评分均大于3分，予以保留。根据专家意见，部分指标表述不准确，港口经营水平拆分为港口经营效率和港口经营规模，港口影响区域实力拆分为港口影响区域经济实力和港口影响区域服务水平。

三级指标中，如管理水平、区域常住人口、区域主导产业实力等指标评分小于3，直接删除。

（2）第二轮专家咨询结果

根据第一轮专家德尔菲法调查结果，修改指标体系，进行第二轮专家问卷调查，经过第二轮专家德尔菲法问卷调查，专家的意见达成一致，符合所有评估指标专家意见大于等于3分的要求，在此过程中未出现专家极端不认可某一个评价指标的情况。最终确定的港口辐射力指标体系见表3-6。

表3-6　　　　　　　　港口辐射力指标体系

一级指标	二级指标	三级指标
港口因素 a	自然条件 a_1	地理位置 a_{11}
		水深条件 a_{12}
		年作业天数 a_{13}
	基础设施 a_2	深水泊位数量 a_{21}
		码头总长度 a_{22}
		堆场面积 a_{23}
	港口经营规模 a_3	货物吞吐量 a_{31}
		集装箱吞吐量 a_{32}
		开辟航线数量 a_{33}
		港口费率 a_{34}
	港口经营效率 a_4	口岸环境 a_{41}
		装卸工时效率 a_{42}
		港口物流服务水平 a_{43}
	城市实力 a_5	城市 GDP a_{51}
		城市工业产值 a_{52}
		城市外贸额 a_{53}
		城市常住人口 a_{54}

续表

一级指标	二级指标	三级指标
腹地因素 b	港口影响区域经济实力 b_1	区域 GDP b_{11}
		区域外贸额 b_{12}
		区域工业产值 b_{13}
	港口影响区域服务水平 b_2	区域的物流服务水平 b_{21}
		区域的商贸、金融、法律、信息等综合服务水平 b_{22}
港口与腹地的联系 c	港口与腹地的运输联系 c_1	与后方大通道的距离 c_{11}
		运输费用 c_{12}
		运输时间 c_{13}
		运输距离 c_{14}
	港口与腹地的社会经济联系 c_2	港口与腹地的行政区划 c_{21}
		港口与腹地的经济联系 c_{22}
		客户偏好 c_{23}

（3）评价结果可靠性分析

①专家积极性。专家积极系数以问卷的回收率进行评价，反映专家的关心与重视程度。每轮专家咨询发放10份问卷，两次调查表回收率、合格率均为100%。两轮问卷调查的回收率均大于90%，说明参与港口辐射力指标调查的专家对本研究内容的关心与重视程度高。

②专家意见权威系数。专家意见权威系数（Cr）能够反映评价结果的可靠性，主要以专家对本领域的熟悉程度系数（Cs）和判断依据系数（Ca）为主要评价内容，其计算公式为 Cr =（Cs+Ca）/2。可靠的专家评价结果通常要求专家权威系数大于等于0.70。经过分析计算，本次专家咨询的结果中Cs结果为0.79（第一轮）和0.80（第二轮）；Ca结果为0.74（第一轮）和0.78（第二轮），则最终专家意见权威系数Cr的结果为0.77（第一轮）和0.79（第二轮），以上结果均大于0.7。因此上述结果可以表明本次参与港口辐射力指标的专家咨询结果权威程度较高，即本次评价结果具有较强的可靠性。

③专家意见协调系数。专家意见的协调系数（W）是反映专家对指标评价是否存在分歧的重要指标，能够反映结果的一致性。W值介于0~1之间，W值越接近1表明各专家的意见趋于一致，体现了专家咨询结果的可靠性。

通过对两轮评价结果的统计计算，港口辐射力指标调查的专家意见协调系数结果为0.67（第一轮）和0.72（第二轮），且该结果具有显著的统计意义，通过专家意见协调性的检验。详细结果见表3-7。

表3-7　　　　　　　　　　专家协调系数

	第一轮	第二轮
协调系数（W）	0.67	0.72
显著性检验	$X^2=304.41$	$X^2=325.42$
	$P<0.001$	$P<0.001$

第三节　指标计算方法

1. 港口因素 a

（1）自然条件 a_1

①地理位置 a_{11}。港口所处的地理位置至关重要，是决定其竞争力最重要的因素之一。如果港口背靠广阔的、经济发达的陆向腹地，并且同时靠近国际主干航线，那么其就会有源源不断的货物从陆向和海向聚集到港口，使得港口发展为枢纽港和航运中心。因此港口的地理位置对其竞争力有较大影响。

本研究根据港口位置距离国际航线的距离来定量衡量港口的地理位置。港口到国际航线的距离越小，港口的地理位置越优越。

②水深条件 a_{12}。水深条件是一个定量的指标，是指船舶能够进出港口作业的保证水深，为船舶在该港所必须通过的诸水域中最浅的水深，表征港口可以接纳进港船舶的能力，是港口的主要特征。

③年作业天数 a_{13}。由于雾对于港口作业的影响最大，雾况妨碍海面能见

度，影响航行安全，不少事故发生在雾日。根据港口所处位置，冰冻对海港也有一定影响。此外还有风、暴雨、雷电等影响因素。因此本研究主要依据雾况、冰冻、风、暴雨、雷电等情况对港口的气候条件进行评价。

本研究中用港口年作业天数定量表示港口的气候条件。统计港口因大雾、冰冻等情况导致港口无法正常作业的天数，进而测算年作业天数。

一般用能见度来表示雾级的大小，能见度小于500m时，必须停止船舶靠离泊作业。在气温低于零下10摄氏度时，会出现海冰，对港口作业产生影响。风级达到7级以上，需停止作业。6小时降雨量达50mm以上，港口需停止作业。出现雷电黄色预警，也需停止作业。基于以上情况，收集因大雾不能正常作业的天数$T_{雾}$，因海冰不能正常作业的天数$T_{冰}$，因大风不能正常作业的天数$T_{风}$，因暴雨不能正常作业的天数$T_{雨}$，因雷电不能正常作业的天数$T_{雷}$。

$$T = 365 - T_{雾} - T_{冰} - T_{风} - T_{雨} - T_{雷}$$

（2）基础设施 a_2

港口的硬件设施是港口发展的支撑因素，是港口能够发展的前提，也是影响港口竞争力水平的基础，本研究选取深水泊位数量、码头总长度以及堆场面积作为港口硬件支撑因素。

①深水泊位数量 a_{21}。深水泊位数量是一个定量指标，目前船舶的大型化趋势越发加快，其对泊位水深的要求越来越高，深水泊位少的港口很难发展成为枢纽港或者干线港，港口深水泊位数很好地反映了港口的基础设施水平。

根据交通运输部《港口深水岸线标准》，沿海港口深水岸线是指适宜建设各类型10万吨级及以上泊位的沿海港口岸线，其中南京长江大桥以下（江苏段）为适宜建设各类型5万吨级及以上泊位的港口岸线。内河港口为适宜建设各类型3千吨级及以上泊位的内河港口岸线。

因此本研究对沿海港口的深水泊位数进行统计时，标准为10万吨级及以上。

②码头总长度 a_{22}。码头总长度是一个定量指标，码头岸线越长，同时可

靠泊的船舶就越多，效率就越高。码头长度是码头结构自身的长度。

③堆场面积 a_{23}。堆场是指码头区域内进行交接、堆存和安全检查的场所，进出码头的货物除直取直送之外都需要在堆场上暂时存放，堆场的面积决定一段时间能够进行装卸的货物总量，直接影响港口的货物吞吐量，是港口实力的一项重要指标。

（3）港口经营规模 a_3

①货物吞吐量 a_{31}。货物吞吐量是一个定量的指标，是指经水运进出港区范围，并经过装卸的货物数量。港口的货物吞吐量反映了港口总的现状规模，是港口综合实力的一种表现。

②集装箱吞吐量 a_{32}。集装箱吞吐量是一个定量指标，集装箱吞吐量用港口一段时间内进口和出口集装箱的总和来表示，单位为 TEU。其不仅反映港口的现状规模，也是港口集装箱规模的体现，随着现代港口的发展，船舶大型化，以集装箱为主体的发展成为越来越多港口的战略选择。因此，集装箱吞吐量也是港口竞争能力的重要体现。

③开辟航线数量 a_{33}。开辟航线数量是一个定量指标，指班轮航线数。航线数量是衡量港口规模的重要指标，航线数量越多，班次就越频繁，港口与腹地的通达度就越高，从而港口的辐射力进一步扩散。一个港口拥有的航线越多，航线密度越大，货物从港口到目的地所消耗的时间就越少，越能吸引货主和船公司在此港口进行货物的运输，获得更多的货源和信息等。本研究以集装箱航线数作为评价指标，单位为条。

④港口费率 a_{34}。港口费率是一个定量指标，是指港口因提供货物装卸或船舶停靠等服务而向货主或船方收取的各种费用标准，体现港口经营管理能力，其高低是影响港口竞争地位的重要因素。

（4）港口经营效率 a_4

①口岸环境 a_{41}。口岸环境包括从货主申报、海关部门审核、检验、放行这一流程的效率，拥有高效的港口口岸环境才能缩短船舶停靠时间，吸引客户。

本研究侧重港口的通关效率，用通关效率来衡量港口的口岸环境。通关效率包括本地货物通关效率和转关货物通关效率两个方面。计算公式如下：

$$通关效率 = \frac{本地货物量 + 转关货物量}{通关时间}$$

②装卸工时效率 a_{42}。装卸工时效率是一个定量的指标，装卸工时效率是表明装卸劳动生产率的指标之一。它是指装卸工人（包括机械司机及其助手）平均每人工作 1 小时所完成的操作量，计算公式如下：

$$P_{工时} = \frac{Q_{操}}{N_{工时}} \quad （操作吨/工时）$$

式中：$P_{工时}$——装卸工时效率（操作吨/工时）；

$Q_{操}$——与装卸工时数相对应的操作量；

$N_{工时}$——装卸工时数。

③港口物流服务水平 a_{43}。港口物流服务水平是一个定性指标，是指客户对所获得的服务要素以及这类要素的构成形态的一种心理预期和期待。

收集包括物流服务人员水平、物流服务质量水平、物流服务流程、物流服务时效、物流服务态度等内容的原始资料并设计表格，收集客户对每一项的真实评价，再交给专家进行 1~10 分打分。详情见表3-8。

表3-8　　　　　　　　港口物流服务水平打分表

	服务人员水平	服务质量水平	服务流程	服务时效	服务态度	平均分
大连港						
营口港						
锦州港						
……						

（5）城市实力 a_5

①城市 GDP a_{51}。城市 GDP 是定量指标，是指国民生产总值，是衡量经济状况最佳的指标。港口所在城市的 GDP 越高，对港口发展起到支撑作用，港口辐射力进而增大。城市的国民生产总值越高，会推动城市现代化、信息化的发展，基础建设会更加完善。

②城市工业产值 a_{52}。工业产值是定量指标，指以货币表现的工业企业在一定时期内生产的已出售或可供出售的工业产值总量，港口所在城市的工业产值越高，城市的综合实力越强。

③城市外贸额 a_{53}。城市外贸额是定量指标，指城市在一定时期（一年、一季或一月）内出口额和进口额的总和，城市的外贸额也是衡量一个城市综合实力的重要经济指标，对港口的发展起到正向影响。

④城市常住人口 a_{54}。城市常住人口是定量指标，指全年经常在家或在家居住 6 个月以上，包括流动人口在所在的城市居住的总数。

2. 腹地因素 b

港口腹地的经济发展水平直接影响港口的发展现状和发展前景。外商对某一地区的投资直接影响进出口规模和格局，也将加大影响港口的发展和竞争。

（1）港口影响区域经济实力 b_1

①区域 GDP b_{11}。区域 GDP 是定量指标，港口影响区域的 GDP 越高，区域的国民生产总值越高，区域的经济实力越强大，意味着对外贸易活动十分频繁，能够产生大量的货物运输需求，而区域的对外贸易也会带来海外市场和资源的开拓与利用，为港口海向腹地的拓展提供巨大的契机。

②区域外贸额 b_{12}。区域外贸额是定量指标，指区域在一定时期（一年、一季或一月）内出口额和进口额的总和，区域的外贸额也是衡量一个区域综合实力的重要经济指标，从而对港口的发展起到正向影响。

③区域工业产值 b_{13}。区域工业产值是定量指标，指以货币表现的工业企业在一定时期内生产的已出售或可供出售的工业产值总量，港口影响区域的工业产值越高，说明区域的综合实力越强。

（2）港口影响区域服务水平 b_2

①区域的物流服务水平 b_{21}。区域的物流水平是一个定量的指标，本研究以区域的交通运输、仓储、邮政业从业人数定量测算该指标。

②区域的商贸、金融、法律、信息等综合服务水平 b_{22}。区域综合服务水

平是定性指标，是衡量区域软实力的重要指标，反映区域的综合实力，进而对港口的辐射力产生积极影响。本研究以区域信息转输、软件和信息技术服务业、金融业、租赁和商务服务业从业人数定量测算该指标。

3. 港口与腹地的联系 c

（1）港口与腹地的运输联系 c_1

①与后方大通道的距离 c_{11}。后方大通道是指一定区域内，连接主要交通流发源地，有共同流向，一般有可供选择的几种运输方式组成的宽阔地带。港口周围有较多的大通道，则地理位置就更为优越。本研究以港口距离大通道的距离测度该指标。

国家大通道包括东线沿海流通大通道、中线京港澳流通大通道、西线呼昆流通大通道、西北北部流通大通道、陇海兰新沿线流通大通道、长江沿线流通大通道、沪昆沿线流通大通道、珠江西江流通大通道。本研究以港口与东线沿海流通大通道的垂直距离衡量该指标。

②运输费用 c_{12}。货物运输费用主要包括在途运输费用、中转费用、装卸费用及运输过程中的运输管理费等，不同的运输方式运输费用有较大差别，相应的其他费用也不尽相同。该指标衡量的是港口与腹地之间货物运输所需的花费。

③运输时间 c_{13}。运输时间是定量指标，指货物从港口到腹地所需的运输时间，包括货物在途运输时间和中转时间，不同运输方式运输时间不同，本研究采用平均运输时间表。

④运输距离 c_{14}。运输距离是定量指标，指港口到腹地的距离。

（2）港口与腹地的社会经济联系 c_2

①港口与腹地的行政区划 c_{21}。港口与腹地在行政上的联系是一个定性的指标，其中行政关系主要包括四类：第一类是行政管理关系；第二类是行政法制监督关系；第三类是行政救济关系；第四类是内部行政关系。

根据港口与腹地之间的行政关系，来确定两者的行政联系程度。

②港口与腹地的经济联系 c_{22}。腹地主导产业的实力可以确定产业链的延

伸，可以通过判断不同产业的产值，确定出城市的主导产业，其带来的经济产值，可以衡量主导产业的实力。

对港口货物种类的分析，得出港口的货物偏向，从而与腹地的产业进行分析，如果港口的重要货物与腹地的主导产业所需的货物一致或相关，那么说明腹地的产业与港口的关联程度大，反之则关联程度小。本研究运用SPSS软件对腹地主导产业与港口重要货物进行相关性分析，得到的数值越大，表明港口与腹地的联系越紧密。

③客户偏好 c_{23}。客户偏好是一个定性指标，本研究通过问卷调查的方式将指标定量化。客户偏好描述港口或其所在城市与腹地之间历史和文化上联系程度。首先对客户进行问卷调查，给客户多个港口选项，不考虑其他因素的情况下，选择一个港口进行货物运输。进而通过大量问卷调查，得出哪些港口是被习惯性选择的，被选择的频次，统计港口被选择的概率，即为客户偏好。

第四节　定权方法选取

在任何指标的研究和分析中，权重的选择是个难点。权重是一个相对的概念，是针对某一指标而言。某一指标的权重是指该指标在整体评价中的相对重要程度。权重表示在评价过程中，被评价对象不同侧面重要程度的定量分配，对各评价指标在总体评价中的作用进行区别对待。事实上，没有重点的评价就不算是客观的评价。根据确定主题的不同，可以将权重系数确定方法分为主观赋权法和客观赋权法两大类，包括专家调查法（Delphi）、层次分析法（Analytic Hierarchy Process）、熵权法等。本研究权重的确定采用层次分析法结合熵权法的组合赋权方法确定港口辐射力评价指标体系的指标的权重。

1. 层次分析法

①建立层次结构模型。将决策的目标、考虑的因素（决策准则）和决策对象，按它们之间的相互关系分为最高层、中间层和最低层，构建层次结构模型。

②构造判断矩阵并赋值。根据评价指标体系的层次结构构造各层次指标的判断矩阵。对各因素之间的重要性程度按 1~9 赋值。

③层次单排序（计算权向量）与检验。完成判断矩阵赋值后，对各指标层次进行单排序，即每个指标相对上一层指标的相对权重。

④层次总排序与检验。从上而下逐层合成计算每一个判断矩阵中各指标因素对总目标的相对权重。

2. 熵权法

熵权法计算步骤如下。

①设有 n 个评价对象（方案），m 个评价指标，按照定性与定量相结合的原则去取得多对象关于多指标的评价矩阵 $R = (r_{ij})m \times n$

$$R = \begin{matrix} r_{11} & r_{12} & \cdots & r_{1n} \\ r_{21} & r_{22} & \cdots & r_{2n} \\ \cdots & \cdots & \cdots & \cdots \\ r_{m1} & r_{m2} & \cdots & r_{mn} \end{matrix}$$

②根据熵的定义，在 n 个对象（方案），m 个指标的评价问题中，第 i 个指标的熵定义为 $H_i = -k \sum_{j=1}^{n} f_{ij} \ln f_{ij}$，且 $f_{ij} = r_{ij} / \sum_{j=1}^{n} r_{ij}$, $k=1/\ln n$, $i=1,2,\ldots,m$, $j=1,2,\ldots,n$。

③计算指标权重。第 i 个指标的熵权定义为：

$$\omega = (1-H_i) / \left(m - \sum_{i=1}^{m} H_i \right)$$

3. 组合赋权

组合赋权的优点是可以降低评价者主观因素的过多影响和增强评价值计算结果客观性，弥补两种赋权方法各自的局限性，从而提高指标权重的科学性。组合权重 W 如下：

$$W=\alpha\beta'_i+(1-\alpha)\beta''_i$$

式中，β'_i 和 β''_i 分别为层次分析法与熵值法所确定的权重，α 为权重偏好系数（0≤α≤1），本研究取 α = 0.5。

第四章 港口腹地划分模型研究

第一节 现有港口腹地划分模型评述

1. 空间分析类模型评述

（1）行政区域划分法

行政区域划分法即以港口所在的行政区域作为主要因素划分其周围腹地的归属。港口城市所在的行政区域优先作为港口的腹地地区，称为港口的直接腹地，而通过多种运输方式形成的综合运输网延伸到达的地区，作为港口的间接腹地。

行政区域划分法是港口腹地研究初期使用的方法，能够简单容易地划分港口腹地，但是具有明显的笼统性和主观性，没有考虑港口的诸多因素对腹地范围的影响，缺乏科学性。随着改革的深入与经济发展，多种运输方式有效联合，运输网络逐步完善，港口与腹地区域连通更加便利，行政区域对腹地区域的影响减弱。

（2）图表法

图表法一般分为平分角法和垂直线法。用平分角法确定交通线间的腹地范围时，用线将两条交通线之间的区域等距分开，如果两条交通线平行就取等距线划分，如果两条交通线相交则取等角线划分。该交通线两侧所形成的闭塞多边形，即该交通线的直接腹地范围（如图4-1左侧图所示）。垂直线法是对平分角方法的改进，在划分时考虑了港口和场站位置对腹地的影响。具体做法是：画出一条交通线及其相邻交通线，标记出港口和场站的位置并做出连接线，然后对各线画出垂直等分线。由等分线密封成的封闭性区域形成了直接腹地范围（如图4-1右侧图所示）。

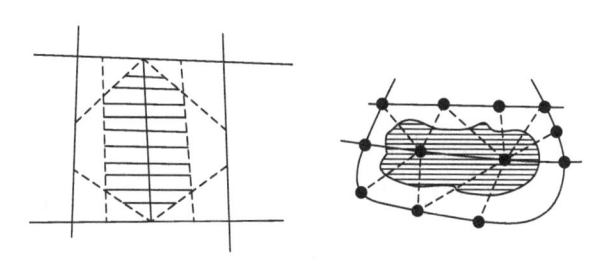

图4-1 图表法的划分方法

图表法一般来说只是用来确定腹地大概范围的一种基础方法。它没有考虑到港口及腹地的自然条件，也没有考虑港口区域内的经济因素，更加忽略了腹地内的货源是否与港口匹配等因素，因此这种方法准确度不高。

（3）圈层结构法

港口与腹地是相互依存、互补互利的一个有机整体，在这个整体中港口起着物流中心乃至经济中心的作用，对腹地有吸引和辐射作用。这种作用受到空间距离的制约，离港口越远的地区，与港口之间的作用就越不明显，即"距离衰减律"。这样就必然导致腹地形成以港口为核心的集聚和扩散的圈层状的空间分布结构。这种圈层结构反映了港口及其腹地区域的经济景观由核心向外围呈规则性的向心空间层次分化，一般可分为内圈层（港口城市及临港工业）、中圈层（经济较为发达、利用港口较多的直接腹地）和外圈层（利用港口较少的间接腹地）。而在港口密集区，圈层会产生交错叠置的现象（见图4-2）。

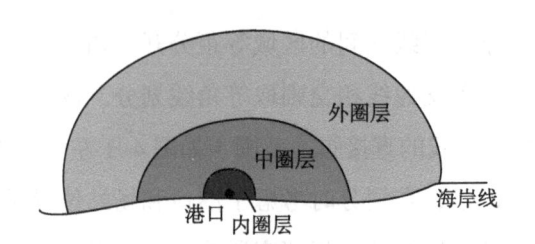

图 4-2　圈层结构法

圈层结构法适用于不少大型港口的腹地划分，尤其是城市群密集的沿海港口，属于较为简易的宏观分析方法，在港口密集地带，圈层结构会发生重叠的现象。

（4）点轴结构法

腹地的发展与交通基础设施的建设密切相关。在此，将联系港口与腹地中心主要城市的交通基础设施建设集中成束，即可在港口与腹地城市之间形成发展轴，沿着轴线布置若干个重点城市，然后逐渐向外扩散，形成发展轴的"紧密吸引区"，最终形成以交通主干道为轴的交通经济带（见图 4-3）。

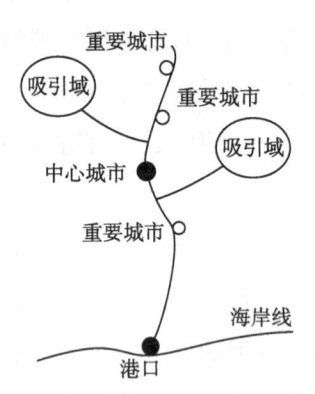

图 4-3　点轴结构法

点轴结构法适用于港口运输通道发达、开发历史较长的港口，注重对港口原有腹地的细分，属于较为简易的宏观分析方法。

2. 经济调查类模型评述

（1）隶属度法

腹地与口岸城市之间的进出口贸易额反映了口岸城市与腹地联系的规模，

但不能体现相互联系的强度。引入隶属度（R）的概念，用以表示腹地与口岸城市之间的相互联系。计算各地与各海关之间的隶属度 R，组成新的资料矩阵。R 值越大，腹地与口岸之间的联系越强，反之，联系越弱。

隶属度（R）的计算公式如下：

$$R = T_1 / T (0 \leq R \leq 1) \qquad (4\text{-}1)$$

其中：

R 为隶属度；

T1 为某地到海关 1 的进出口贸易额；

T 为某地的进出口贸易总额，也是该地到所有海关进出口贸易额之和。

根据隶属度的大小，口岸城市的腹地可以分为三种类型。

一是紧密腹地。腹地有一个占统治地位的联系口岸，第一隶属度一般大于 0.6。第一隶属度若低于 0.6，则与第二隶属度之差大于 0.25。这类腹地可作为第一联系口岸的紧密腹地。

二是竞争腹地。腹地有 2~3 个主要联系口岸，可以看作几个口岸共同的竞争腹地。这类腹地前几位隶属度差值小于 0.2，若有三个主要联系口岸，其隶属度之和大于 0.75。

三是边缘腹地。除紧密腹地和竞争腹地外，其他隶属度大于 0.05 的腹地。可作为口岸城市的边缘腹地。有一些地区没有主要的联系方向，只能作为口岸城市的边缘腹地。根据上述标准，可确定各口岸城市的腹地范围。

隶属度法从对外经济角度研究口岸城市腹地，通过测算港口和腹地之间的联系程度来确定腹地的港口归属。但是隶属度法仅考虑了港口城市与其腹地间贸易总额之比，但是港口与腹地不仅仅受到贸易总额的影响，还有其他因素影响，贸易总额也会随着经济社会的发展、港口货种的变化而变化，且此方法把隶属度值作为唯一的划分标准，没有考虑到交叉腹地存在的现实。此方法只能针对某一货类进行港口—腹地的划分，即对某些特定的部门或特定的货类有一定参考价值，而对于港口的整体规划和设计没有太大的适用价值。

（2）区位商模型

在布局规模经济研究中，区位商常用于衡量某一行业在一特定地区相对集中度，以判别该地区对这一行业的吸引力。将区位商模型和方法运用到港口腹地的定量分析中，建立起的港口腹地区位商模型，其数学表示式如下：

$$LP_i = \frac{h_i/H_i}{\sum_i h_i / \sum_i H_i} \quad (4-2)$$

式中：

LP_i 为港口的腹地区位商，表示腹地第 i 地区的货源在港口的相对集中程度，反映港口对该腹地的吸引力或竞争力；

h_i 为港口转运腹地第 i 地区的货流量；

H_i 为腹地第 i 地区的货流总量；

$\sum_i h_i$ 为该腹地内所有地区通过港口转运的货流量，即为港口吞吐量；

$\sum_i H_i$ 为腹地内所有地区的货流总量。

如果 LP_i 值大于 1，则表示第 i 地区的货流主要通过该港口中转，LP_i 值越大，则港口对腹地第 i 地区的吸引力越大。

比较港口对同一地区的腹地区位商，就可以得出该港口对该地区的货源吸引力或竞争力。同样，也可以通过该港口同一地区不同时间阶段的腹地区位商的变化，反映港口对该地区货源吸引力的动态变化情况。但是区位商模型具有一定的主观成分，且是在预先判断腹地范围后进行的进一步计算，而腹地范围的确定还存在较大争议。

（3）OD 流结合图论法

OD 流结合图论法的基本思路是确定网络结构以后，对每一对 O-D 进行全网络最短路搜索，搜索完成后统计经过每一港口的 O 点即为该港口的经济腹地；最短路搜索结束以后，对该最短路进行逐次配流。统计各种货物经过每一港口的 O-D 量即可得到该港口分货类吞吐量和该港口总的吞吐量。

在统计结果中，存在以下两种情况：其一，一个内陆节点的全部集装箱流仅途经了某一个港口就到达目的港，则该节点所对应的地区就是这一沿海港口的直接腹地；其二，一个地区的集装箱流经过了两个或两个以上港口才到达目的港口,则该地区为这几个沿海港口的交叉腹地。在统计交叉腹地时,要根据 OD 配流分别找出这几个港口在这一地区所承担的集装箱进出口份额,并用百分比表示出来。

3. 数学物理类模型评述

(1) 引力模型

引力模型是常见的相邻港口腹地定量划分方法之一,模型内容如下:

设港口 i、j 的质量分别为 m_i、m_j,$i \in I$ ($i=1,2,...,n$),在实际港口腹地划分的应用中,常用港口吸引力或竞争力代替"质量"。若相邻两港 i 和 j 的中间地带有区域 k,则港 i、港 j 对 k 点的吸引力分别为:

$$F_{ik} = k \frac{m_i m_k}{L_{ik}^2} \quad (4\text{-}3)$$

$$F_{jk} = k \frac{m_j m_k}{L_{jk}^2} \quad (4\text{-}4)$$

如图 4-4,作两港连线为 X 轴,垂直平分线为 Y 轴。

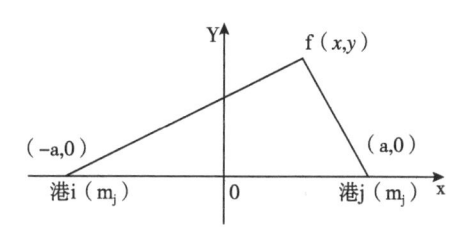

图 4-4 引力模型

设 i、j 直线距离为 2a,k 点坐标为 (x, y) 则当 $F_{ik} = F_{jk}$;$\frac{m_i}{L_{ik}^2} = \frac{m_j}{L_{jk}^2}$ 时,变形为圆的方程:

$$\left[x + \frac{m_1 + m_2}{m_2 - m_1} \right]^2 + y^2 = \left[\left(\frac{m_1 + m_2}{m_2 - m_1} \right)^2 - 1 \right] a^2 \quad (4\text{-}5)$$

即港 i、港 j 中质量较小的港口吸引力范围是以 $\left[-\left(\frac{m_1 + m_2}{m_2 - m_1} \right) a, 0 \right]$ 为圆心,$\frac{2a\sqrt{m_i m_j}}{m_j - m_i}$ 为半径的圆,圆以外的区域则被视为"质量"较大港口的腹地。

引力模型适用于相邻港口腹地定量划分。分析港口与可能是腹地的区域之间的吸引力，通过计算得出腹地划分范围。该模型考虑了港口吸引力和腹地距离港口的远近，综合了港口与腹地两方面的信息，且使用方便。但是该模型在确定港口"质量"时，通常应考虑众多因素，其中包括港口所在城市经济实力、交通便利程度、港口自然地理条件、行政区划和客户的喜好等。而在这些方面，专家的意见和经验一般都带有模糊性。因此，如何把这种模糊性加以解析化和定量化，使港口腹地划分建立在充分合理的科学基础上，就显得十分重要。同时，在众多因素中，没有考虑在运输过程中的转运问题，以及运距、运时和运费三者的最佳搭配和交叉腹地的存在。

（2）Huff 模型

Huff 模型属于引力模型的一般形式，该模型利用比较腹地城市选择某一港口的概率以划分港口腹地，腹地城市选择某一港口的概率正相关于腹地城市选择这一港口的效用：

$$P_{ij} = \frac{U_j}{\sum_{n=1}^{k} U_k} = \frac{S_j d_{ij}^{-\beta}}{\sum_{n=1}^{k} \left(S_j d_{ij}^{-\beta}\right)} \quad (4\text{-}6)$$

$$d_{ij} = \frac{T_{ij}}{C_i C_j} \quad (4\text{-}7)$$

式中：

P_{ij} 为腹地城市 i 选择港口 j 的概率；

U_j、U_k 为腹地 i 选择港口 j、k 的效用；

S 为港口综合影响力，通过指定港口影响力指标体系计算得出；

d 为港口与腹地之间的距离，文中使用港口腹地之间的考虑港口支持度加权时间成本；

β 为距离摩擦系数，一般设 β=2；

T_{ij} 为港口腹地之间的最短时间距离；

C_i、C_j 分别为腹地城市 i 与港口城市 j 对港口 j 的支持度，C_i、C_j 分别通过构建港口城市、腹地城市对港口支持度的指标体系计算得出。

此模型适用于多目标选择，比引力模型更接近于实际。模型缺点如下。

①由于港口吸引力计算中的指标选取带有主观成分，因而采用该模型来确定港口腹地容易受到主观因素影响。

②港口腹地划分中的行政区域单位大小选取容易受到主观因素影响，亦即在模型求解过程中，一般先按照行政区域将腹地划分成面积较小的单位，再将此单位抽象为一个"点"，对多个以"点"形式出现的单位求和得出腹地范围。如果划分单位过大，会造成计算结果精确性不高；如果划分单位过小，会导致数据量过大而不具有实践意义。

③哈夫模型计算所得的港口腹地是有一条明确的分界线（即计算的最终结果由各行政区域的边界构成），其离散本质使其难以精确描述出港口腹地划分中的不确定性，即受行政区域划分方法的影响，过于绝对地认为一个区域只能单一成为某一港口的腹地，忽略了现实中货主选择港口的随机性。

（3）威尔逊模型

威尔逊模型是引力模型的延伸，根据威尔逊模型，港口 k 对区域 j 的资源吸引的能力可用如下公式表示：

$$T_{jk} = K \times O_j \times D_k \times \exp(-\beta R_{jk}) \tag{4-8}$$

式中：

T_{jk} 为区域 j 从区域 k 吸引到的资源数；

O_j 为区域 j 的资源强度；

D_k 为区域 k 的资源总量；

R_{jk} 为两个区域之间的距离；

β 是衰减因子，反映了区域影响力衰减速度的快慢，β 值越大，衰减越快；

K 是系数，通常令 K=1。

简化后的威尔逊模型表示为：

$$\theta = D_k \exp(-\beta R_{jk}) \tag{4-9}$$

该式子中 θ 是一个阀值（极限），表示 k 港口对外辐射的最大范围，当辐射能量衰减到这个值时，辐射能量完全衰竭，从而只要知道 D_k 和 θ，就可以测出港口 k 的最大辐射半径 R_{jk}，即：

$$R_{jk} = \frac{1}{\beta} \ln \frac{D_k}{\theta} \tag{4-10}$$

威尔逊模型综合考虑了城市的货物运输量、港口吸引力、区域影响力以及港口与城市间的距离因素，但在实际应用中对于衰减因子的确定不易，采用威尔逊模型划分出来的港口腹地范围不够具体。

（4）吸引力模型

基于吸引力模型的港口腹地划分方法研究，首先需要对港口货物吞吐结构进行分类，运用区位商模型分别测算港口对不同地区的各类货物的吸引力。然后根据吞吐结构的百分比对各类货物赋予相应权重，加权后该港口对腹地货源地的吸引力可由以下公式算得：

$$F_i^{A1} = \frac{h_i / H_i}{\sum_i h_i / \sum_i H_i} \tag{4-11}$$

$$F_{A1} = \sum_{i=1}^{n} F_i^{A1} \tag{4-12}$$

$$F_G = \sum_{i=1}^{n} \sum_{j=1}^{m} a_j F_i^{Aj} \tag{4-13}$$

式中：

F_i^{A1} 为港口针对 A1 类货物在 i 地区的吸引力；

h_i 为 i 区域港口吞吐量；

H_i 为 i 区域外运量；

$\sum_i h_i$ 为全部区域港口吞吐量；

$\sum_i H_i$ 为全部区域外运量；

F_{A1} 为港口对于 A1 类货物的吸引力；

F_G 为港口对腹地货源地的吸引力。

随后根据如下公式将 F_{A1} 作为引力模型中的 F_y 带入，求出引力模型中的 k 值。

$$F_y = \frac{k m_1^\lambda m_{2i}^\alpha}{d_{m_1 m_{2i}}^\beta} \tag{4-14}$$

其中：

m_1 为港口运能,即港口现有规模和功能应达到的吞吐量;

m_{2i} 为港口腹地 i 区域的运量,即港口吞吐量。

在引力模型中带入港口当年的运能和运量,腹地吸引半径 d 可求。

吸引力模型适用于根据港口的吞吐量与运能以及腹地货运量确定腹地范围,在对港口腹地空间经济模型的分析基础上,总结了港口吸引力和吸引场的概念、特点,综合运用了区位商模型和引力模型。在指标方面,该模型只考虑了运量(港口吞吐量和货运量)为表现港口吸引力的唯一指标。

(5)密度模型

假定货主是理性人且选择某一港口的概率只与运输成本有关,而货物从货源地到港口的运输成本是客观的。

首先对密度模型作如下假设:

①处于任一栅格的货主仅从有限个数的港口中选择一个港口作为目的地;

②不考虑距离摩擦系数的影响,其取值参考引力模型,取为经验值 2;

③以路网密度 d_ω 的倒数作为某一栅格通行成本的近似指标,路网密度越大越易通行且通行成本越低;

④货主是理性人,只选择路径成本最低的路线。

据此构建密度模型:

$$d_\omega = L_\omega S_\omega^{-1} \qquad (4\text{-}15)$$

$$C_\omega = d_\omega^{-1} \qquad (4\text{-}16)$$

$$C_\delta = \min_{\varepsilon \in \Omega i} (\sum_{\omega \in \varepsilon} d_\omega^{-1}) \qquad (4\text{-}17)$$

$$U_i = \left\{ \min_{\varepsilon \in \Omega i} (\sum_{\omega \in \varepsilon} d_\omega^{-1}) \right\}^{-\beta} \qquad (4\text{-}18)$$

$$P_i = \frac{U_i}{\sum_{k=1}^m U_k} = \frac{\left\{ \min_{\varepsilon \in \Omega i} \left[\sum_{\omega \in \varepsilon} (L\omega S_\omega^{-1})^{-1} \right] \right\}^{-\beta}}{\sum_{k=1}^m \left\{ \min_{\varepsilon \in \Omega k} \left[\sum_{\omega \in \varepsilon} (L\omega S_\omega^{-1})^{-1} \right] \right\}^{-\beta}} \qquad (4\text{-}19)$$

式中:

ω 代表任一栅格;

d_ω 为任一栅格的路网密度;

L_ω 为任一栅格内路网的长度；

S_ω 为栅格所代表的实际地理面积；

C_ω 为任一栅格的通行成本；

Ω_i 为任一栅格至港口 i（i=1，2，…，m）的路径集合；

ò 为任一栅格至港口 i 的一条路径（此路径由若干个栅格组成）；

$C_ò$ 为任一栅格至港口 i 的最低路径成本；

U_i 为处于任一栅格的货主选择港口 i 的效用；

β 为距离摩擦系数；

P_i 为处于任一栅格的货主选择港口 i 的概率；

m 为港口数。

密度模型从货主的角度出发划分港口腹地，引入 GIS 中"栅格"的概念到哈夫模型中，构建了港口对腹地吸引力的密度模型并运用 GIS 软件来求解，既能消除主观因素干扰又能考虑到货主选择港口的不确定性。但是该模型中仅以运输成本最低作为货主选择港口的原则，但在实际情况中，货主可能有其他偏好，如更短的运输时间、更便利的运输方式等，在今后的研究中对货主的偏好应当更加具体地进行分析；且该模型中未考虑交通运输基础设施的容量限制。

（6）场强模型

场强模型将某一港口的腹地称为该港口影响力的"力场"，影响力大小称为"场强"，计算公式如下：

$$E_{ij} = \frac{Z_i}{D_{ij}^a} \tag{4-20}$$

式中：

E_{ij} 为港口 i 在 j 点的场强；

Z_i 为港口 i 的实力指数；

D_{ij}^a 为 j 点与港口 i 之间的距离，在此用港口陆路可达性数值代替；

a 为距离摩擦系数，一般取标准值 2.0。

场强随距离的增大而减小，在某一点的港口场强是所有港口场强值的综合叠加,该模型可用于分析港口腹地演变特征及趋势或用于多港口腹地划分。如何确定港口的实力指数与到港口的"距离"是该模型的关键。但是将此模型用于腹地划分时,没有考虑到行政边界效应、港口腹地交叠相错的实际情况。

(7)电子云模型

以氢原子为例,电子云模型是指原子核外的电子密度随着与原子核距离的增大而逐渐减小,并且电子的能量越大,原子所形成的电子云越大,电子出现在核外的概率也变大。

港口对腹地的吸引力与这个原理类似,把这个模型用于港口腹地范围划分,可确定腹地作为所研究港口的直接腹地的概率。

设某一港口 i,在港口的外层划分出 n 个圈层(设每个圈层等距),在第 j 个圈层内可以作为该港口腹地的可能地区为 S_{ij},第 j 个圈层环的面积为 S_j,第 j 个圈层的几率分布密度为 F_j,在 S_{ij} 上的几率分布密度为 F'_j,则有:

$$\frac{F'_j}{F_j} = \frac{S_{ij}}{S_j} \tag{4-21}$$

$$S_j = \pi[(ja)^2 - (j-1)^2 a^2] \tag{4-22}$$

可得到:

$$F'_j = \frac{F_j S_{ij}}{\pi a^2 (2j-1)} \tag{4-23}$$

则港口 i 的腹地位于 j 圈层的概率:

$$F_{ij} = \frac{F'_j}{\sum_{k=0}^{n} F'_k} \tag{4-24}$$

式中:

F'_j 为港口 i 的腹地在 S_{ij} 上的几率分布密度;

F_j 为港口 i 的腹地在第 j 个圈层的几率分布密度;

S_{ij} 为第 j 个圈层内可以作为该港口腹地的可能地区;

S_j 为第 j 个圈层环的面积;

a 为圈层之间的距离;

F_{ij} 为港口 i 的腹地位于 j 圈层的概率。

尽管港口腹地所划分的圈层结构与原子核外的电子运动的规律具有相似性，用电子云模型划分港口腹地有一定的合理性，但是电子云模型忽略了运输方式、货物类型等因素对模型的影响，考虑因素不够全面，划分的结果缺少一定的准确性。

（8）断裂点模型

两个城市的吸引力达到平衡，平分市场空间的那一点就定义为断裂点或市场域边界。

取 $d=r_{ix}+r_{jx}$，记断裂点位置为 x，则容易得到：

$$R_{ix} = \frac{d}{1+\sqrt{\frac{P_j}{P_i}}} \qquad (4\text{-}25)$$

式中：

R_{ix} 为断裂点与城市 i 之间的距离；

r_{ix}、r_{jx} 分别为断裂点到城市 i、j 的距离；

P_i、P_j 为 i、j 的城市规模。

根据断裂点公式，求得城市 A 与其周围城市 B 之间的断裂点位置，将各点用平滑的曲线相连接，即为城市的腹地范围，但由于此方法中考虑因素过于简单，测算出的腹地范围有失准确性，而且连接相邻断裂点有很大随意性。

（9）烟羽模型

烟羽模型起源于大气高斯烟羽模式，该模式是一种基于物理过程的环境模式，为风洞实验所证实，并被广泛应用。烟羽模型是采用协同学理论推导出来的，最初的原始公式用于计算污染物在某一地区的扩散浓度，并可推导出污染物的极限扩散距离，多用在工厂烟囱和工业突发事件等引起的大气污染扩散的计算与评价中。

后来，烟羽模型被引入交通影响范围的研究中。在港口对腹地的影响中，港口自身也是具有一定影响强度的，并且像污染物在大气中扩散一样会不断向四周辐射它的影响力，能够辐射到的地方便可划为其腹地。因此，可以把港口所在城市看作是一个点源，具体根据计算得出的"浓度"大小实现港口腹地的细致划分。由此看来，在港口腹地的划分中引入烟羽模型也是可行的，并且具有实践价值。

港口腹地划分的腹地烟羽模型如下：

$$C_{ij}=\frac{Q_i \bar{u}_{ij} R_{ij}}{4\pi x_{ij}^2} \tag{4-26}$$

式中：

C_{ij} 为港口 i 对地区 j 的影响强度；

Q_i 为港口 i 的自身强度；

$\bar{u}_{ij}$ 为由港口 i 到地区 j 的交通可达系数；

R_{ij} 代表港口 i 与地区 j 的关联度；

x_{ij} 为港口 i 到地区 j 的最佳运输距离，综合考虑距离、成本、时间来确定。

烟羽模型可用于划分多个港口腹地。由于交通影响范围的确定会受到很多不确定因素的影响，交通量在路网中的分布与污染物在大气中的扩散在理论上是相似的。因此，结合交通影响的特点，运用烟羽模型对交通影响范围进行定量性的分析，既具有创新性又具有一定的应用价值。但是港口与腹地的联系不仅与二者之间是否有合适的交通方式相连有关，还与很多其他因素有关，如港口城市与腹地之间历史和文化上的联系程度、政府对腹地与港口之间运输的鼓励或限制性政策、腹地城市的支柱产业、港口城市与腹地城市的经济作用强度等，在计算港口与地区的关联度时，应充分考虑到以上因素的影响。然而在上述因素中，除了港口城市与腹地城市的经济作用强度可以进行定量计算以外，其他三个因素都很难定量。此外，经济作用强度和腹地烟羽模型的计算公式中都考虑了距离的大小，这在某种程度上就放大了距离的作用。

（10）水面溢油理论

港口以其综合影响力吸引腹地的货物，影响力的传播存在一个"物理过程"，其作用原理与水面溢油扩延机制相同。将港口影响力设为溢油体积，港口与腹地之间的紧密度设为油层厚度，考虑传播过程中的"阻尼"，则可划分出港口的经济腹地范围。进一步对联系紧密度划分，即可得到直接和间接腹地的范围，在各条件理想时，港口腹地（陆向）可以定义为以港口为圆心、影响力为半径的半圆；若考虑影响条件，则腹地范围变化如图4-5所示：a图为当交通主干道影响时腹地范围出现的不规则变化；b图为a图的侧视图。

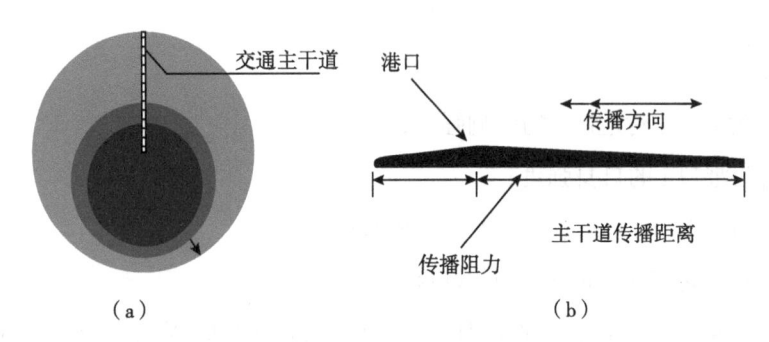

图 4-5 水面溢油理论

港口影响力具备相对稳定性，且腹地所受影响力的大小与距离成反比，同时由于运输、他港竞争等条件的差异，不同方向的影响力变化的速率也不同，因此便导致了港口经济腹地形状的不规则及直接和间接腹地的区分。基于水面溢油理论构建如下港口腹地划分模型：

$$D=10^k[k_1(\beta gV)^{1/2}+k_1(\beta gV/1/R)^{1/3}+k_2(\delta^2 R/\rho\omega)^{1/2}]^{1/2} \quad (4-27)$$

$$D'=2k_2(\delta/\rho\omega\sqrt{1/R})^{1/2} \quad (4-28)$$

$$D_n=(1+\lambda)D \quad (4-29)$$

式中：

D 为港口经济腹地范围的直径；

D' 为港口间接经济腹地范围的直径；

D_n 为受外界影响变化后的腹地范围直径；

k 为数量级系数，用来调整港口腹地范围与扩延模型所确定的溢油范围间的数量级之差，取 k=3（即一般意义下溢油半径和腹地半径的数量级之差）；

k_1、k_2 为港口经济腹地扩展系数，分别表示港口的腹地拓展能力和腹地竞争力，$k_2=\dfrac{k_{21}+k_{22}}{2}$，$k_{21}$、$k_{22}$ 分别表示港口两侧竞争力值；

β 为港口腹地吸引系数，$\beta=1-\dfrac{\rho_0}{\rho_\omega}$，$\rho_0$ 和 ρ_ω 分别为单位货运边际成本和港口费用；

V 为港口的综合影响力；

R 表示港城紧密度；

δ 为港口综合影响力在间接腹地的扩散因子，取值为 $\dfrac{1}{k_2}$；

λ 为港口不同方向腹地半径变化加权系数。

通过分析水面溢油的物理过程，在溢油模型的基础上构建港口腹地划分模型，具有一定的创新性，同时，港口腹地在形成过程中受到政治、经济、文化等各方面因素的影响，即文中 λ 值的确定问题有待探讨。

（11）双层规划模型

此双层规划模型在动态腹地条件下，构建以区域港口群总运输成本为上层优化目标，以个体港口的经济效益为下层目标的双层规划模型。

上层规划模型公式如下：

$$\min F = \sum_{i=1}^{v}\sum_{j=1}^{v}\sum_{k=1}^{k_{ij}} C_{ij}^k y_{ij}^k + \sum_{i=1}^{v}\sum_{k=1}^{k_i} C_{ij}^k y_{ij}^k \tag{4-30}$$

s.t.　　　　$x_{ij} \leqslant \sum\sum_{k=1}^{K_{ij}} y_{ij}^k S^k$，i, j=1,…, V, i≠j

$y_{ij}^k = y_{ji}^k$，i, j=1,…, V, i≠j, k=1,…, k_{ij}

$$\sum_{i=1}^{V}\sum_{k=1}^{K_i} S_i^k x_i^k = M_f + M_g$$

$x_{ij} \geqslant 0$，i, j=1, ⋯, V, i≠j

$y_{ij}^k \geqslant 0$，且为整数，i, j=1, ⋯, V, i≠j

$x_i^k \geqslant 0$，且为整数，i, j=1, ⋯, V

下层规划模型公式如下：

$$\max T_i = c * f(R_i, \theta_i) + d * g(R_i, \theta_i) \tag{4-31}$$

s.t.　　　　$\sum_{\substack{j=1\\j\neq i}}^{v} x_{ji} = f(R_i, \theta_i)$，i, j=1, ⋯, V, i≠j

$\sum_{\substack{j=1\\j\neq i}}^{v} x_{ij} = g(R_i, \theta_i)$，i, j=1, ⋯, V, i≠j

$$x_{ij} \leq g(R_i,\theta_i)+f(R_i,\theta_i), \quad i,j=1,\cdots,V, \quad i\neq j$$

$$g(R_i,\theta_i)+f(R_i,\theta_i) \leq \sum_{k=1}^{K_i} S_i^k x_i^k, \quad i,j=1,\cdots,V$$

$$R_i \geq 0, \quad \theta_i \geq 0, \quad i=1,\cdots,V$$

式中：

V 为某个港口群区域内所有港口的数量；

K_{ij} 为从港口 i 到港口 j 航线的船型种类；

S^k 为第 k 类船型的运输能力；

C_{ij}^k 为从港口 i 到港口 j 第 k 类船型的单船运输成本；

x_{ij} 为从港口 i 到港口 j（i≠j）的运输量；

y_{ij}^k 为从港口 i 到港口 j（i≠j）第 k 类船型的配备数量；

x_i^k 为港口 i 的腹地范围的第 k 类运输车辆的配备数量；

$f(R_i,\theta_i)$ 为港口 i 的动态腹地所产生的进口货运量；

$g(R_i,\theta_i)$ 为港口 i 的动态腹地所产生的出口货运量；

K_i 为港口 i 的动态腹地内运输车辆种类；

S_i^k 为港口 i 的动态腹地内第 k 类运输车辆的最大运输能力；

C_i^k 为港口 i 的动态腹地内第 k 类运输车辆的运输成本；

c 为单位进口货物所产生的经济效益；

d 为单位出口货物所产生的经济效益；

M_f 为整个区域系统内所有陆上腹地所产生的进口货物总量；

M_g 为整个区域系统内所有陆上腹地所产生的出口货物总量。

此双层规划模型反映了港口竞争力、腹地划分以及运力配备的动态性，因此更接近港口实际。但此模型将港口的动态经济腹地的范围规定为以港口为顶点的扇形区域，具有一定的主观性，且在模型的构建中只考虑了运输成本与运力，具有一定的局限性。

（12）logit 模型

使用 logit 模型对港口腹地进行划分是从货主的角度出发，综合考虑了货运成本及非货运成本因素，如运输所消耗的时间、货物损坏及损失的可能性等。运用 logit 模型首先要确定效用函数。确定效用函数主要是从货主的角度出发，综合货主可能会考虑的影响因素。确定效用函数之后，带入 logit 模型，即可求出货主做出某一选择的概率，公式如下：

$$P_i = \frac{e^{\lambda V_i}}{\sum_i e^{\lambda V_i}} \tag{4-32}$$

式中，λ 为系数；

V_i 为效用函数。

logit 模型从货主的角度出发，考虑到了货主选择港口的不确定性，且效用函数中可以综合考虑各种影响因素，其港口腹地划分的结果具有一定的准确性。

4. 理论结合类模型评述

（1）B-V 理论

经典的城市断裂点理论结合空间分割的 Voronoi 图理论，得到扩展的断裂点理论，简称 B-V 理论。

生成加权 Voronoi 图的基本思想：不同城市拥有不同的综合实力，这也表明他们的中心强度值不同，根据不同的中心强度值，各个城市的拓展能力和吸引能力不同，差异的扩张速度将导致每个城市形成各自的吸引范围。

通过深入研究经典断裂点公式，可得到以下推论：

①相邻两城市之间的距离与其断裂点到两城市的距离之和相等。

②两个城市之间的断裂点到中心点的距离与其各自中心性强度的算术平方根存在正相关关系。

③各个城市的扩张速度与城市的中心性强度的算术平方根存在正相关关系。

以上述理论为基础，扩展断裂点理论，具体内容为：若两个城市点的中心性强度相同，则这两城市点之间连线的垂直平分线就是各自影响腹地范围的分界线；若两个城市点的中心性强度不同，通过计算可以验证，这两城市的影响腹地范围的分界线将是以 $\left(\dfrac{P_B x_1 - P_A x_2}{P_B - P_A}, \dfrac{P_B y_1 - P_A y_2}{P_B - P_A} \right)$ 为圆心，以

$\left|\dfrac{\sqrt{P_A P_B}}{P_B - P_A}\right| D_{AB}$ 为半径的圆弧曲线。

B-V 理论以"断裂弧"替代断裂点在现实中的应用,克服了理论上的盲目性和随意性,界定出城市的合理影响范围,但其仅能划分相邻港口间的腹地范围分界线,存在一定的局限性。

(2)断—电模型

断—电模型是通过结合电子云模型和断裂点模型构建的。

对于某个研究港口,通过运用电子云模型,划分好一定的圈层,可以定量计算出每个圈层的腹地地区的密度几率值,对应算出货流量。再通过断裂点公式法,综合各项地区影响因素,划分出这些地区的吸引范围。

断—电模型适用于划分两相邻港口的腹地,考虑了港口及腹地地区的综合影响因素。但是此模型由于忽略了货物类型、运输方式等对于实际情况的影响程度,所以划分结果准确性有待查证。

5. 小结

在腹地划分方法方面,不同学者运用不同的方法,对港口腹地范围进行了科学、合理的划分。国外学者对腹地划分多采用定性分析,国内学者则侧重于采用定量分析。港口腹地划分方法按照涉及划分指标和依据的属性可以概括为空间分析法、经济调查法、数学物理类、理论结合类四大类,具体研究总结如表4-1。

表4-1　　　　　　　　港口腹地划分方法总结

研究系列	研究内容	研究方法	研究总结
空间分析	采用行政区划、经济区划、交通主干线路等标准来对港口的腹地进行空间层次划分	行政区域划分法、图表法、圈层结构法、点轴结构法	早期对港口腹地的一种宏观划分方法,简单实用、表述直观,但港口的腹地范围没有给出清晰的界线,在实际规划中的指导作用有限
经济调查	通过考察某项经济指标(如货流量、贸易额)来判断该区域与港口之间的隶属关系	隶属度法、区位商模型、OD流结合图论法	划分结果比较细致,但考虑的因素比较单一且数据来源少、获取难度也较大

续表

研究系列	研究内容	研究方法	研究总结
数学物理	通过运用数学方法或建立数学模型来界定港口腹地的范围	引力模型、Huff模型、威尔逊模型、吸引力模型、密度模型、场强模型、电子云模型、断一电模型、烟羽模型、水面溢油理论、双层规划模型	丰富了腹地划分方法，可操作性较强，大部分方法划分结果界线比较明确。适用性和划分结果的置信度还有待验证
理论结合	通过将理论与模型或是多种模型相结合来划分港口腹地范围	断裂点模型、B-V理论	将多种理论与模型结合，综合了多种方法的优点，相对于单种模型与方法而言，划分时考虑的因素更多，划分的结果更加准确

国外关于港口—腹地的研究主要以港口为主，研究从港口腹地定性分析到港口腹地宏观要素影响再到企业微观要素影响研究。国内关于港口—腹地的研究主要研究港口和腹地间的互动关系，主要集中在动力机制、演化规律、发展模式、空间布局、影响因素等方面。港口与腹地关系方面定性分析居多，定量研究较少；定量分析中研究尺度较小，多以单个城市或单个港口为主，港口群和全国范围研究较少。

从腹地划分现有研究来看，一是研究对象大多侧重于对某一个或两个港口腹地范围的划分，对全国港口整体的腹地范围划分研究关注较少，虽然可以确定单个港口腹地范围，却无法从宏观层面对全国港口腹地隶属关系有全景认识。二是研究口径基本都是全货类综合分析，港口实际运营中不同货类经营特点和运输网络不同，因此不同货类的腹地范围会有所差异，全货类腹地划分解决不了实际运营问题，针对单一货类的腹地划分更准确且更具指导性。三是划分结果隶属关系单一，现有研究基本将某一腹地直接划分为某个港口的腹地，现实中港口的腹地是有层次、有竞争、有交叉的，没有考虑中国港口共享腹地的特征，腹地隶属单一港口的划分不符合现实腹地隶属关系。未来对港口腹地的划分应该从小尺度向大尺度转变，从单一腹地向共享腹地转变，从全货类综合分析向单一货类转变。

第二节 两阶段腹地划分模型构建

现有的划分模型大多侧重于某一个或两个港口腹地范围的划分，研究口径基本都是全货类综合分析，且划分结果隶属关系单一。为解决上述问题，本研究提出了一种两阶段的港口腹地划分模型，构建一个可用于分货类、分层次、划分多个港口腹地的模型。

1. 构建思路及模型优势

（1）构建思路

基于对上述现有的港口腹地划分模型，本研究构建了一个腹地划分的两阶段模型。

第一阶段为基于港口辐射力的腹地划分模型，在这一阶段我们将研究范围内的城市划分为单纯腹地与混合腹地两类。首先，根据第三章列出的各项指标计算出港口强度、城市实力、港口与城市之间的经济联系、港口与城市之间的运输联系。其次，代入修正的万有引力模型计算港口对城市的辐射力。最后，分别根据各港口对同一城市的辐射力将该城市划分为某一港口的单纯腹地或某几个港口的混合腹地或暂不将某城市划分为任一港口的腹地。

第二阶段为基于市场份额的混合腹地划分模型，在这一阶段我们对上一阶段中划分出来的混合腹地以及暂未划分为港口腹地的城市进行货物市场份额的测算。采用 logit 模型从货主的角度出发，从经济性、快速性、便捷性、可靠性四个方面考虑，研究混合腹地以及暂未划分为港口腹地的城市各类货物的流量流向，从货主的角度对腹地城市进行补充研究并从理论与现实的角度比较与分析两个阶段的研究结果，最终划定各港口的腹地范围。

对于不同的用户，可根据实际情况相应调整指标的内容及权重，如：为政府宏观规划服务的港口腹地划分模型可更加注重港口与腹地的行政区划联系与经济联系等；为港口企业经营与市场竞争服务的港口腹地划分模型可更加注重港口的经营实力以及广义运输费用成本。

上述第一阶段从港口强度、城市实力、港口与城市间的经济与运输联系等客观因素划分腹地范围，第二阶段从货主的主观角度划分混合腹地以及暂未划分为港口腹地的城市的货物市场份额。本研究综合考虑了主观与客观两方面，分层次、分货类划分腹地范围，具体划分流程如图4-6，两阶段腹地划分模型与港口辐射力评价指标体系的具体关系如图4-7。

（2）模型优势

两阶段腹地划分模型融合了引力模型、烟羽模型以及logit模型的优点。

第一阶段在引力模型的基础上增加了烟羽模型中社会经济联系的部分，将港口与城市之间的社会经济联系作为一个系数引入引力模型，在普通的引力模型划分港口腹地的基础上强调了港口与城市之间的社会经济联系与港口对城市的辐射力的关系。

第二阶段考虑了客户选择运输港口的一些影响因素，包括经济性、快速性、便捷性、可靠性四个方面。相比于一般的使用logit模型划分港口腹地而言，本阶段模型考虑得更为全面。

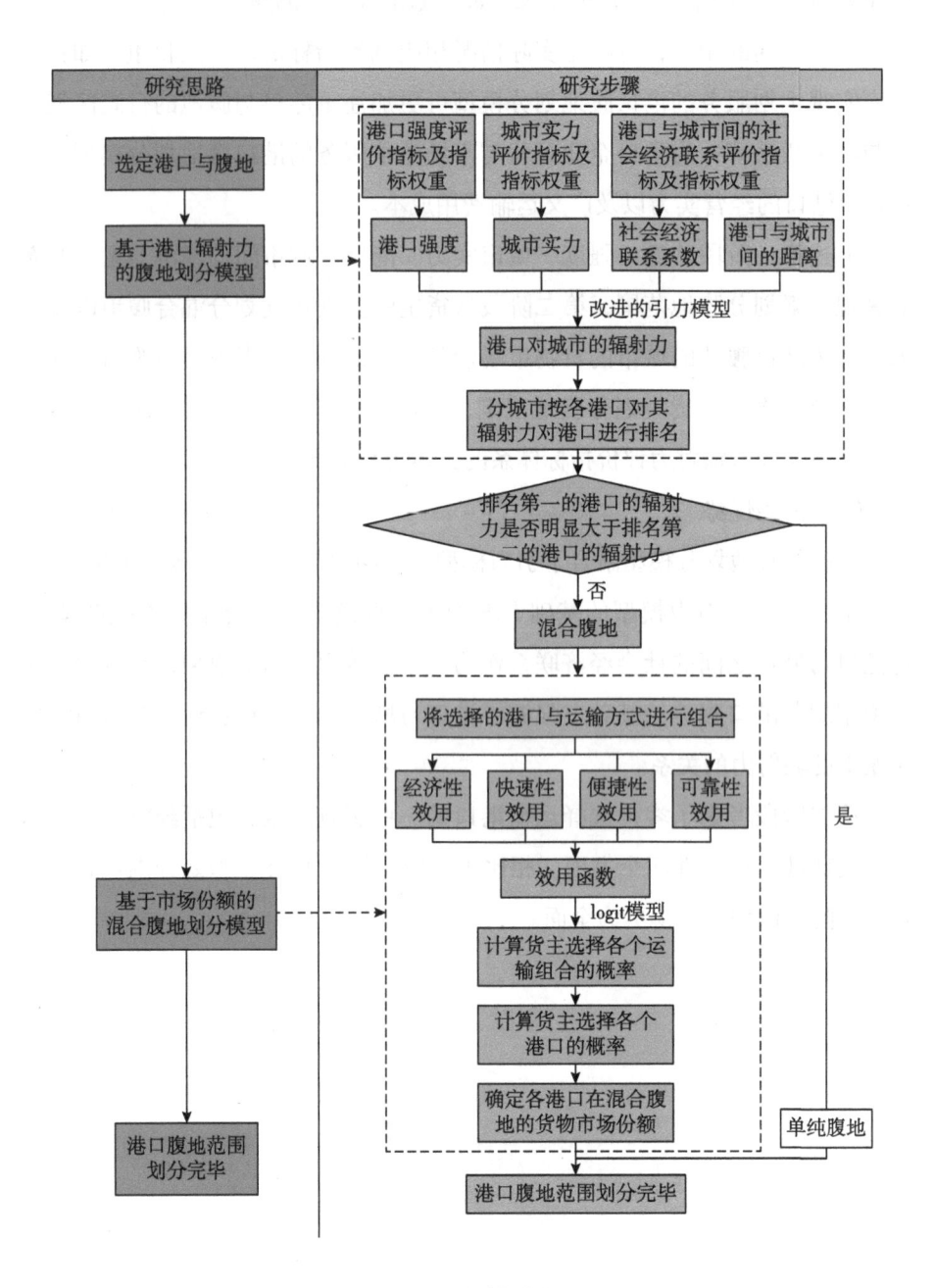

图 4-6　两阶段模型流程图

图 4-7　模型与指标体系的具体关系

由于不同用户所需要解决的问题不同，本模型亦可充分考虑现实的需要，针对不同用户的特点对模型进行调整。通过改变指标的构成及其权重即可使腹地划分的结果更加贴近现实情况，但腹地划分所用模型的大体思路上不变。

本模型在第一阶段划分出港口的单纯腹地与混合腹地以及暂未划分为港口腹地的城市，进而在第二阶段对混合腹地以及暂未划分为港口腹地的城市的主要货类进行货物市场份额的划分，判断城市货物的流向。整个过程较为全面地分析了区域内的港口腹地的隶属关系，兼顾了全货类划分与分货类划分，在整体分析腹地城市的隶属关系的同时，也考虑到了不同货类的差异；同时本腹地划分模型可根据现实情况调整指标，使划分结果更加贴近现实。相对于其他模型而言，本模型的划分结果在解决港口发展规划与实际运营的问题上更具指导性。

2.基于港口辐射力的腹地划分模型

（1）模型数学形式

根据牛顿万有引力定律，任意两质点之间的引力与质量的乘积成正比，与距离的平方成反比。类推到港口对城市的吸引力上，用"港口强度"代替港口的"质量"，用"城市实力"代替城市的"质量"，用阻抗函数代替距离的平方，则港口对城市的辐射力计算公式如下：

$$C_{ij}=E_{ij}\frac{Q_i S_j}{d_{ij}^2} \quad (4\text{-}33)$$

式中：

C_{ij}为港口 i 对城市 j 的辐射力；

Q_i为港口强度；

S_j为城市实力；

E_{ij}为港口 i 与城市 j 之间的社会经济联系系数；

d_{ij}为港口 i 与城市 j 之间的距离。

（2）模型步骤

运用基于港口辐射力的腹地划分模型对港口的腹地范围进行划分，步骤如下：

①计算港口强度 Q_i。

港口强度，是指港口辐射能力的大小，反映的是港口各要素组合而成的优势条件，包括港口的各个方面，具有高度综合性和统一性。本研究从港口自然条件、港口基础设施、港口经营规模以及港口经营效率四个方面综合评定港口强度。具体港口强度评价指标见表4-2，根据第三章中确定的指标权重给各指标的值附上一定的参数，从而计算港口强度。

表4-2　　　　　　　　　　　港口强度评价指标

一级指标	二级指标	三级指标
港口因素 a	自然条件 a_1	地理位置 a_{11}
		水深条件 a_{12}
		年作业天数 a_{13}
	基础设施 a_2	深水泊位数量 a_{21}
		码头总长度 a_{22}
		堆场面积 a_{23}
	港口经营规模 a_3	货物吞吐量 a_{31}
		集装箱吞吐量 a_{32}
		开辟航线数量 a_{33}
		港口费率 a_{34}
	港口经营效率 a_4	口岸环境 a_{41}
		装卸工时效率 a_{42}
		港口物流服务水平 a_{43}
	城市实力 a_5	城市 GDP a_{51}
		城市工业产值 a_{52}
		城市外贸额 a_{53}
		城市常住人口 a_{54}

②计算城市实力 S_j。

城市实力包括经济实力、人口实力、物流服务实力等，具体评价指标如表 4-3。根据第三章中确定的指标权重给各指标的值附上一定的参数，从而计算城市实力。

表4-3　　　　　　　　　城市实力评价指标

一级指标	二级指标	三级指标
腹地因素 b	港口影响区域经济实力 b_1	区域 GDP b_{11}
		区域外贸额 b_{12}
		区域工业产值 b_{13}
	港口影响区域服务水平 b_2	区域的物流水平 b_{21}
		区域的商贸、金融、法律、信息等综合服务水平 b_{22}

③计算社会经济联系系数 E_{ij}。

计算港口与腹地之间的经济联系可以通过第三章中确定的指标及指标的权重计算，具体指标如表4-4。

表4-4　　　　　　　　　社会经济联系评价指标

一级指标	二级指标	三级指标
港口与腹地的联系 c	港口与腹地的社会经济联系 c_2	港口与腹地的行政区划 c_{21}
		港口与腹地的经济联系 c_{22}
		客户偏好 c_{23}

④分港口划分腹地圈层。

用港口对城市的辐射力公式计算出港口 i 对城市 j 的辐射力值，分港口将某一港口对各城市的辐射力进行分析，划分出不同的辐射力圈层。

⑤划分单纯腹地与混合腹地。

分城市按各港口辐射力进行排名。通过聚类的手段判断排名第一的港口对该城市的辐射力明显大于排名第二的港口对该城市的辐射力，则该城市为排名第一的港口为单纯腹地，若排名在前的几个港口对该城市的辐射力没有显著差距，则该城市为这几个港口的混合腹地。

3.基于市场份额的混合腹地划分模型

运用 logit 模型对上一步骤中划分出来的混合腹地范围进行细分，确定各港口在混合腹地的货物市场份额。本阶段将港口选择和运输方式的选择作为一种运输方式组合，确定分担率，进而对混合腹地的货物市场份额进行划分。

（1）模型数学形式

运用 logit 模型计算选择港口 j 的概率公式如下：

$$P_j = \sum i \in j \frac{e^{u_i}}{\sum_{i=1}^{n} e^{u_i}} \qquad (4-34)$$

式中：

P_j 为某货类选择 j 港口的概率；

U_i 为效用函数；

$\dfrac{e^{U_i}}{\sum_{i=1}^{n} e^{U_i}}$ 表示选择第 i 种组合运输方式的概率。

（2）模型求解步骤

运用 logit 模型对混合腹地进行港口的货物市场份额测算，步骤如下。

① 构建运输组合方式。

本研究此阶段将港口选择和运输方式的选择作为一种运输方式组合。本研究在运输方式方面，考虑了陆路运输的公路和铁路两大类。可以抽象为如图 4-7 的几种运输方式。

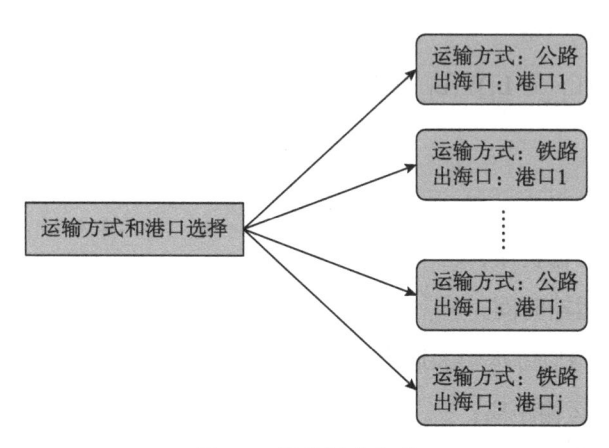

图 4-7　运输组合方式

② 确定效用函数。

本研究中的效用函数因素主要从经济性、快速性、便捷性、可靠性四个方面考虑。则效用函数可表示为：

$$U_i = a_1C_1 + a_2C_2 + a_3C_3 + a_4C_4 + a_5 \quad (4\text{-}35)$$

式中：

C_1 为经济性效用；

C_2 为快速性效用；

C_3 为便捷性效用；

C_4 为可靠性效用；

a_1、a_2、a_3、a_4 为待定系数，a_5 为常数项。

其中，经济性主要考虑货主所花的费用，具体指标为货物运输费用；快速性主要考虑货主所花的时间，具体指标为货物运输时间；便捷性主要考虑货主将货物运输至港口的便捷程度，具体指标为港口与后方运输大通道之间的距离以及货物运输至港口的运输距离；可靠性主要考虑货主对于港口的信任程度；具体指标为港口强度。由于数据量纲不同，在计算效用时对各指标数据进行均值标准化处理，具体如下：

$$C_1 = (E_{max} - E)/(E_{max} - E_{min}) \quad (4\text{-}36)$$

$$C_2 = (T_{max} - T)/(T_{max} - T_{min}) \quad (4\text{-}37)$$

$$\begin{aligned} C_3 &= C_{31} + C_{32} \\ &= b_1\left[(L_{1_{max}} - L_1)/(L_{1_{max}} - L_{1_{min}})\right] + b_2\left[(L_{2_{max}} - L_2)/(L_{2_{max}} - L_{2_{min}})\right] \end{aligned} \quad (4\text{-}38)$$

$$C_4 = Q/Q_{mean} \quad (4\text{-}39)$$

式中：

E 为货物运输费用；

T 为货物运输时间；

L_1 为港口与后方运输大通道之间的距离；

L_2 为货物运输距离；

Q 为港口强度；

b_1、b_2 为系数。

③参数标定。

通过问卷调查的结果标定得到系数 a_i、b_i，将下层多项式中的参数 b_i 融入到上层效用函数的参数 a_3 中，即设 $b_i = 1$，a_i 用极大似然估计法进行标定。标定方法如下：

假设统计数据为 N 个样本，对于货物 n 的确定效用 $U_{in} = a_{in}C_{in}$，其中 $a_{in} = (a_{1n}, a_{2n}, a_{3n}b_1, a_{3n}b_2, a_{4n}, a_{5n})$，$C_{in} = (C_{1n}, C_{2n}, C_{31n}, C_{32n}, C_{4n}, 1)^T$，$a_{in}$ 为参数向量。

第 n 次观察结果的似然函数为：

$$L^*(a) = \prod_{n \in N} P_{in}^{\delta_{in}}(i|a) \quad (4-40)$$

对公式两边取对数，得到对数似然函数：

$$\ln L^*(a) = \sum_{n=1}^{N} \delta_{in} \ln P_{in}(i|a) \quad (4-41)$$

其中，δ_{in} 的取值如下：

$$\delta_{in} = \begin{cases} 1, & n\text{选择}i \\ 0, & \text{其他} \end{cases} \quad (4-42)$$

货物 n 选择路径 i 的概率为：

$$P_{in} = \frac{e^{a_{in}C_{in}}}{\sum_{j \in I} e^{a_{jn}C_{jn}}} \quad (4-43)$$

根据极大似然估计原理，极大化对数似然函数，即可得到参数向量 a_{in} 的估计值。

④测算各港口在混合腹地以及暂未划分为港口腹地的城市的分货类市场份额。

根据上述标定出来的参数向量 a_{in}，即可确定不同货类运输在不同运输组合之下的效用函数，即可分货类计算出不同运输组合方式下的分担率。由于各个组合间的选择是独立的，不同货类运输选择各个运输组合概率和选择港口的概率可通过 logit 模型直接得到：

$$P_i = \frac{e^{U_i}}{\sum_{i=1}^{n} e^{U_i}} \quad (4-44)$$

$$P_j = \sum_{i \in j} \frac{e^{U_i}}{\sum_{i=1}^{n} e^{U_i}} \quad (4-45)$$

计算出各货类往不同港口运输的份额后汇总成表，即可得到各港口在混合腹地以及暂未划分为港口腹地的城市的货物市场份额。

第五章 港口腹地划分智能分析决策技术研究

第一节 港口腹地划分数据治理集成关键技术

1. 港航腹地多源异构数据融合、降维、整备与稽核技术

（1）非结构化数据到半结构化数据的整备与转换

非结构化数据的特点是数据结构不规则或不完整、没有预定义的数据模型、难以使用数据库二维逻辑表来表现的数据，因而通常需要借助图像识别、文本分析等手段将其转换为半结构化数据。半结构化数据虽然不符合关系型数据库的数据模型结构，但由于其使用相关标记分隔语义元素，并对记录和字段进行分层，因而其相比非结构化数据具备更严格的组织性和逻辑性，已部分满足特征提取的输入数据要求。

非结构化数据到半结构化数据的整备与转换分为三步：扫描版 PDF 到 Excel 表格转换、Excel 表格多维行列表头降维以及数据稽核。构建半自动化流程，以扫描版 PDF 作为输入数据，一维非结构化数据（CSV）为输出数据，完成非结构化数据到半结构化数据的整备与转换，如图 5-1 所示。

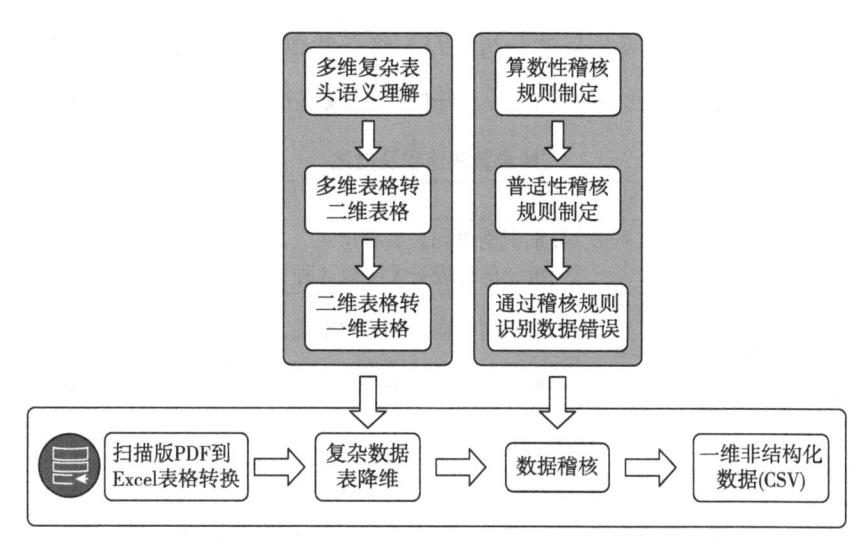

图 5-1　非结构化数据到半结构化数据的整备与转换流程图

多维表格指具有多层级指标行或多层级指标列的复杂表格，二维表格指具有单层级指标行和单层级指标列的复杂表格，一维表格指仅具有单层级指标行、无指标列的简单表格。

复杂数据表降维算法处理流程分为两部分：①格式及信息的识别与处理；②行、列表头层级关系整合与改写，如表 5-1 所示。

①格式及信息的识别与处理。在此流程中，算法需要完成多维复杂行、列表头语义理解，时间、空间等字段信息识别与处理，小标题识别与处理，异常值识别与处理。

多维复杂行、列表头语义理解：分别识别单列表头有层级、单列表头无层级、单行表头有层级、单行表头无层级 4 种情况，定位行、列表头范围；

时间、空间等字段信息识别与处理：识别时间、空间等关键字段，融合同义、不同名字段名称；

小标题识别与处理：根据小标题样式进行识别，并将识别出的小标题转换为层级关系；

异常值识别与处理：对缺失值、异常符号、全半角不一致等异常值进行识别，并做统一转换。

②行、列表头层级关系整合与改写。将合并单元格形式表示的多维层级关系平铺，拼接行、列表头字段名，并使用层级连接符号将各层级拼接。

表5-1　　　　　　　　　　降维算法流程及描述

降维算法流程		描述
格式及信息的识别与处理	多维复杂行、列表头语义理解	分别识别单列表头有层级、单列表头无层级、单行表头有层级、单行表头无层级4种情况，定位行、列表头范围
	时间、空间等字段信息识别与处理	识别时间、空间等关键字段，融合同义、不同名字段名称
	小标题识别与处理	根据小标题样式进行识别，并将识别出的小标题转换为层级关系
	异常值识别与处理	对缺失值、异常符号、全半角不一致等异常值进行识别，并做统一转换
行、列表头层级关系整合与改写		将合并单元格形式表示的多维层级关系平铺，拼接行、列表头字段名，并使用层级连接符号将各层级拼接

在复杂数据表降维算法将多维表最终转换为一维表后，数据结构将从非结构化数据转变为半结构化数据。后续一维表将通过半结构化数据稽核算法完成数据稽核操作。

（2）半结构化数据稽核

半结构化数据稽核算法流程分为三部分：①自然语言稽核规则制定；②稽核规则格式化；③稽核规则套用与验证，如图5-2所示。

待稽核的一维表 → 自然语言稽核规则制定 → 稽核规则格式化 → 稽核规则套用与验证

图5-2　半结构化数据稽核流程

①自然语言稽核规则制定。针对一维表数据，制定算术性稽核规则和普适性稽核规则，如表5-2所示。数据质量算术性稽核主要检验某指标总计数据与分数据间的四则运算关系是否满足其对应的物理含义；数据质量普适性稽核主要检验OCR、降维操作是否符合预期，以及某字段值数据类型是否存在不统一或与要求不一致的情况。

②稽核规则格式化。主要根据算术性稽核规则制定格式化稽核模板，构建稽核规则和稽核算法间的语义理解桥梁。如表5-2所示，格式化稽核模板分为加（+）、减（-）、除（÷），由键值对构成的字典组成。经过格式化，

自然语言稽核规则被转换为可被批量识别、理解的格式化稽核规则。

③稽核规则套用与验证。格式化稽核规则将对应稽核要素套用于与其对应的可复用加、减、乘、除稽核算法，给出稽核结果，最后，将稽核算法检测出的问题加以修正。

表5-2　　　　　　　　格式化稽核规则字段清单

算术性稽核类型	格式化规则字段	含义
通用	规则描述	自然语言稽核规则
通用	用于循环的字段名	循环给定的字段名，将该字段每个取值中的所有指标纳入计算
通用	指标字段名	纳入计算的指标字段名
＋	总计指标名	含有"总计"语义的指标名
＋	分项加和指标寻找方法	分为"取反""枚举""正则"三种方法
＋	分项加和指标名	仅在选择"枚举"为分项加和指标寻找方法时需要指定
－	用于减法的指标名	一般为"数据时间"
－	差指标值	一般为具体的数据时间，如"2019"
－	被减数指标值	一般为具体的数据时间，如"2019"
－	减数指标值	一般为具体的数据时间，如"2019"
÷	用于除法的指标名	一般为"数据时间"
÷	商指标值	一般为具体的数据时间，如"2019"
÷	被除数指标值	一般为具体的数据时间，如"2019"
÷	除数指标值	一般为具体的数据时间，如"2019"

（3）半结构化数据到结构化数据的整备与转换

将在半结构化数据稽核过程中输出的已稽核一维半结构化数据，转换为SQL建表和插入语句。最终，批量执行SQL建表和插入语句。

2. 港口竞争力"评价—跟踪—测算"全链条数据知识图谱

港口竞争力"评价—跟踪—测算"全链条数据知识图谱的构建以"数据—知识—决策"闭环逻辑为核心，首先通过定义"硬实力—软实力—关联力"三维本体框架，抽象出"港口实体—竞争力指标—外部要素"三层结构，结合基础设施、社会经济联系等节点属性及语义关系，动态生成指标权重矩阵。在此基础上，整合船舶轨迹、经济统计等多源异构数据，通过实体消歧、时空插值实现跨模态对齐。

为支撑全链条分析，设计事件驱动的动态更新机制，将政策调整、设施升级等外部变量通过时序嵌入实时映射至节点状态，构建从竞争力指数生成、货流趋势追踪到腹地边界推演的传导链路。最终通过测算结果反向优化评价模型权重，形成数据驱动知识进化、知识优化决策精度的增强回路。这一过程以语义化动态建模突破静态知识表示局限，通过关系路径追溯揭示竞争力演变机理，保障了港口群协同发展规划的底层逻辑支撑，实现了从抽象概念到可计算、可干预知识系统的转化。硬实力指标"资本形成率"知识图谱示意如图5-3所示。

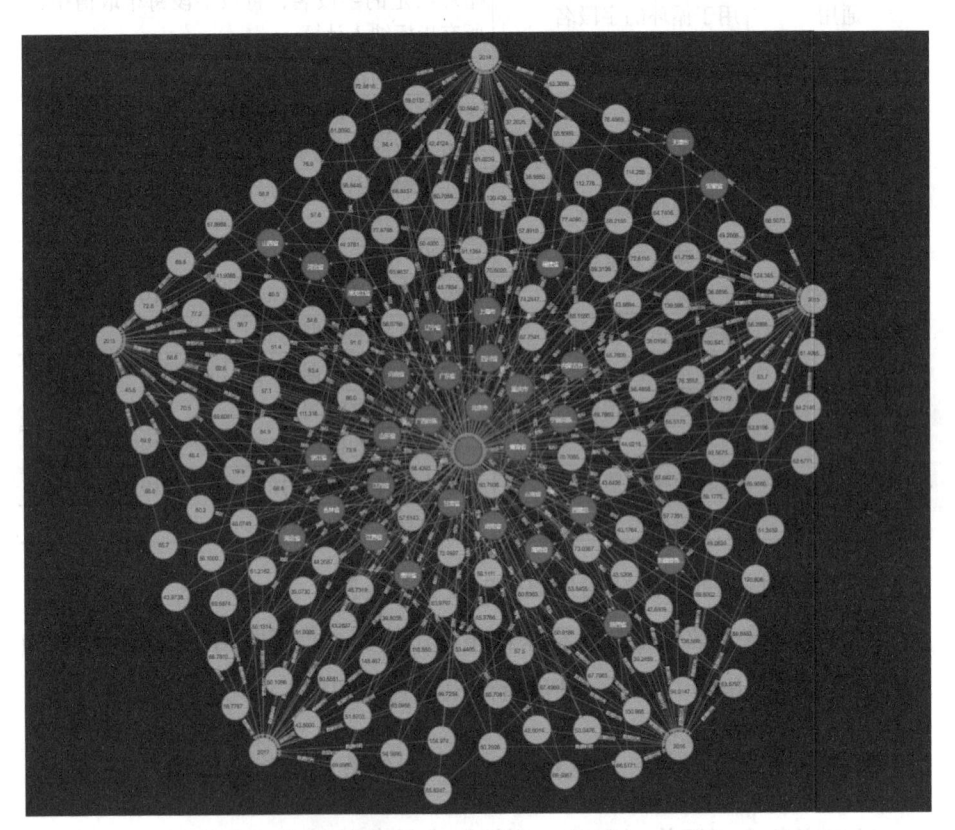

图 5-3　硬实力指标"资本形成率"知识图谱示意图

（1）硬实力—软实力—关联力三维本体框架

港口竞争力知识图谱的构建始于对评价维度的本体建模，通过"硬实力—软实力—关联力"三维框架实现结构化抽象。硬实力层聚焦港口实体物质基础，定义码头岸线、装卸设备、仓储容量等基础设施节点属性及其拓扑关系，将泊位级设施数据聚合为港口级能力指标。软实力层构建竞争力评价指标体系，将运营效率、服务创新、管理效能等抽象概念转化为可计算的语义网络，通过属性关联规则将港口吞吐量、航线密度等动态数据与 ISO 认证、绿色港口评级等静态资质相联结。关联力层刻画港口与外部环境的互动关系，建立腹地经济关联度、多式联运衔接度、全球航运网络嵌入度等跨域关系模型，运用图嵌入算法将港口—城市—产业间的社会经济联系量化为多维特征向量。三维框架通过 OWL 本体语言实现形式化表达，在实体层设置港口核心本体，在指标层构建评价维度本体，在关系层建立空间经济关联本体，最终形成具备语义推理能力的多层知识网络。

（2）事件驱动的动态更新机制

系统通过事件感知引擎实现知识图谱的动态演化，将政策调整、设施扩建、航线变更等离散事件转化为结构化知识增量。构建事件模式库，对关键事件进行特征提取与语义标注，通过时序嵌入模型将事件影响因子映射至知识图谱节点。在动态更新过程中，设计基于时空约束的传播机制：如当新泊位投产事件触发时，系统沿"港口设施—作业能力—航线网络"关系路径更新相关节点状态为处理跨模态数据的时序对齐问题。开发混合式时间轴管理系统，对 AIS 轨迹数据采用滑动窗口聚合，对经济统计数据实施季度插值，最终通过时态知识图谱（TKG）模型实现历史状态追溯与未来趋势推演。这种机制使得知识图谱既能反映港口的实时运营状态，又可模拟重大事件冲击下的竞争力演变路径。

（3）数据驱动知识进化与决策优化的增强回路

系统构建了"评价—反馈—优化"的闭环增强机制，通过多源数据融合驱动知识体系持续进化。在评价阶段，基于知识图谱的语义推理生成初始竞争力指数，运用图卷积网络模型捕捉港口节点与其关联要素的深层交互特征，一方面通过对比学习调整指标权重矩阵中的语义关系强度；另一方面将决策实施后的实际效果数据重新注入知识图谱，借助强化学习算法优化事件影响因子的传播系数。这种数据—知识—决策的增强回路实现了三个层级的迭代提升——在数据层通过实体对齐消解多源异构矛盾，在知识层借助关系路径挖掘揭示竞争力形成机理，在决策层依托可解释模型提高规划方案的科学性。

第二节 港口腹地划分可视化展示关键技术

1. 港口腹地划分三维动态图谱理论模型

以地学信息图谱理论方法、地理信息系统时空复合体模型为依据，将"表示港口腹地网络空间特征的图"与"表示港口腹地网络变化之起点与过程的谱"合二为一为港口腹地划分三维动态图谱，建立港口腹地划分相关特征时空要素的"图谱单元"，将空间变化和属性变化与时间变化集成为一个"过程"，实现在时间、空间、属性与过程等时空复合特征进行一体化表达。港口腹地划分三维动态图谱理论模型如图5-4所示。

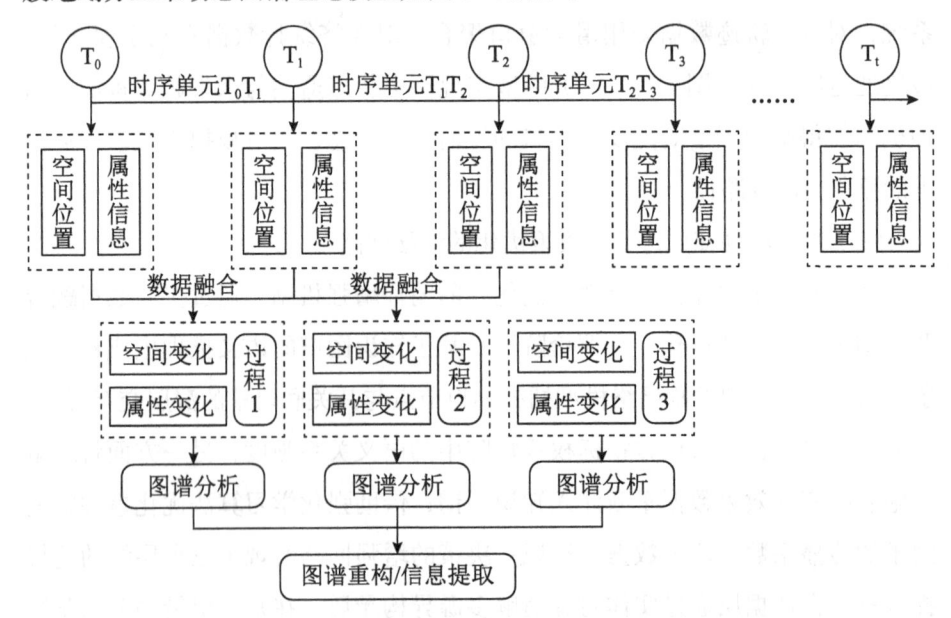

图5-4 港口腹地划分三维动态图谱理论模型

模型针对港口竞争力基于地图的时空可视化能力不足问题，提出基于空间要素的港口竞争力数据叠加关联及动态可视化展示技术。综合运用三维动态图谱、图神经网络、时空插值算法等技术，创新提出了面向港口竞争力分析的特征时空要素模型一体可视化表达方法。基于"后端 GIS 成熟产品库＋前端开源框架"技术架构，通过自主封装多维时空数据可视化组件工具，集成研发搭建了"时空数据—分析算法—可视化引擎"一体化的港口竞争力时空可视化展示 GIS 平台，突破了港口竞争力传统静态图表分析展示方式，创新搭建了港口时空智能推演与规划决策支持的可视化技术底座，将港口竞争力空间计算模型与交互式可视化深度融合，为港口竞争力评价跟踪与规划决策提供全流程的可视化支撑。

（1）统一数据模型

将港口历史数据转为统一的空间数据模型，包括：矢量、栅格、影像、镶嵌数据、网络、属性表及文本数据。将数据库中的数据通过质量标准梳理为统一的数据格式，对于数据文件通过软件实现格式转换，并将成果批量导入至空间数据库中（表 5-3）。

表5-3　　　　　　　　支持转换的数据类型

历史数据模型	数据模型
点（要素类）	点数据集
线（要素类）	线数据集
面（要素类）岛洞多边形	面数据集
注记	文本数据集
镶嵌数据集	镶嵌数据集
几何网络	网络数据集
网络数据集	网络数据集
属性域	属性域
栅格影像	栅格数据集
表	属性表数据集

（2）空间数据库

通过统一的 SDX+ 空间数据引擎，能够实现对个人地理数据库（Personal Geodatabase）、文件地理数据库（File Geodatabase）和企业级地理数据库（Enterprise Geodatbase/ArcSDE）三种空间数据库的支持，通过空间数据库接口，可以获取历史数据信息，转存为统一数据格式，并进行入库（表 5-4）。

表5-4　　　　　　　　　　数据库替换类型

港口历史地理数据库		空间数据库接口
Personal GDB		UDB/UDBX
File GDB		UDB/UDBX
Oracle	ST_Geometry	UDB/UDBX
	SDO_Geometry	UDB/UDBX
	Oracle Spatial	UDB/UDBX
PostgreSQL	ST_Geometry	UDB/UDBX
	PostGIS	UDB/UDBX

（3）地图瓦片迁移

地图瓦片是包含了一系列比例尺、一定地图范围内的地图切片文件。地图瓦片按照金字塔结构组织，每张瓦片都可通过级别、行列号唯一标记。在平移、缩放地图时，浏览器根据金字塔规则，计算出所需的瓦片，从瓦片服务器获取并拼接。

现有瓦片类型包括：

松散型（Exploded）：也就是常见的文件式的瓦片管理方式，将瓦片图片按照行列号的规范，存储在相应的文件夹中。

紧凑型（Compact）v1：紧凑型瓦片存储形式，是瓦片转化成以 .bundle 或者 .bundlex 的新文件。

紧凑型（Compact）v2：将缓存的索引信息 .bundlx 包含在了缓存的切片文件 .bundle 中。

TPK 瓦片包：将切片封装在单个文件（*.tpk）中，能够像其他文件一样进行共享。

SuperMap iServer 支持将松散型缓存、ArcGIS 紧凑型缓存（V2）、TPK 文件、VTPK 文件作为数据来源直接发布为地图服务。

2. 港口竞争力时空可视化展示 GIS 平台技术架构

（1）总体架构

港口腹地划分可视化平台整体上基于微服务、分布式存储、服务集成、运行支撑与信息安全的多层次柔性总体架构，在逻辑上由基础设施层、数据资源层、应用支撑层、基础服务和应用服务，以及信息安全、标准规范、建设与运维三个保障体系等组成。平台总体架构如图5-5所示。

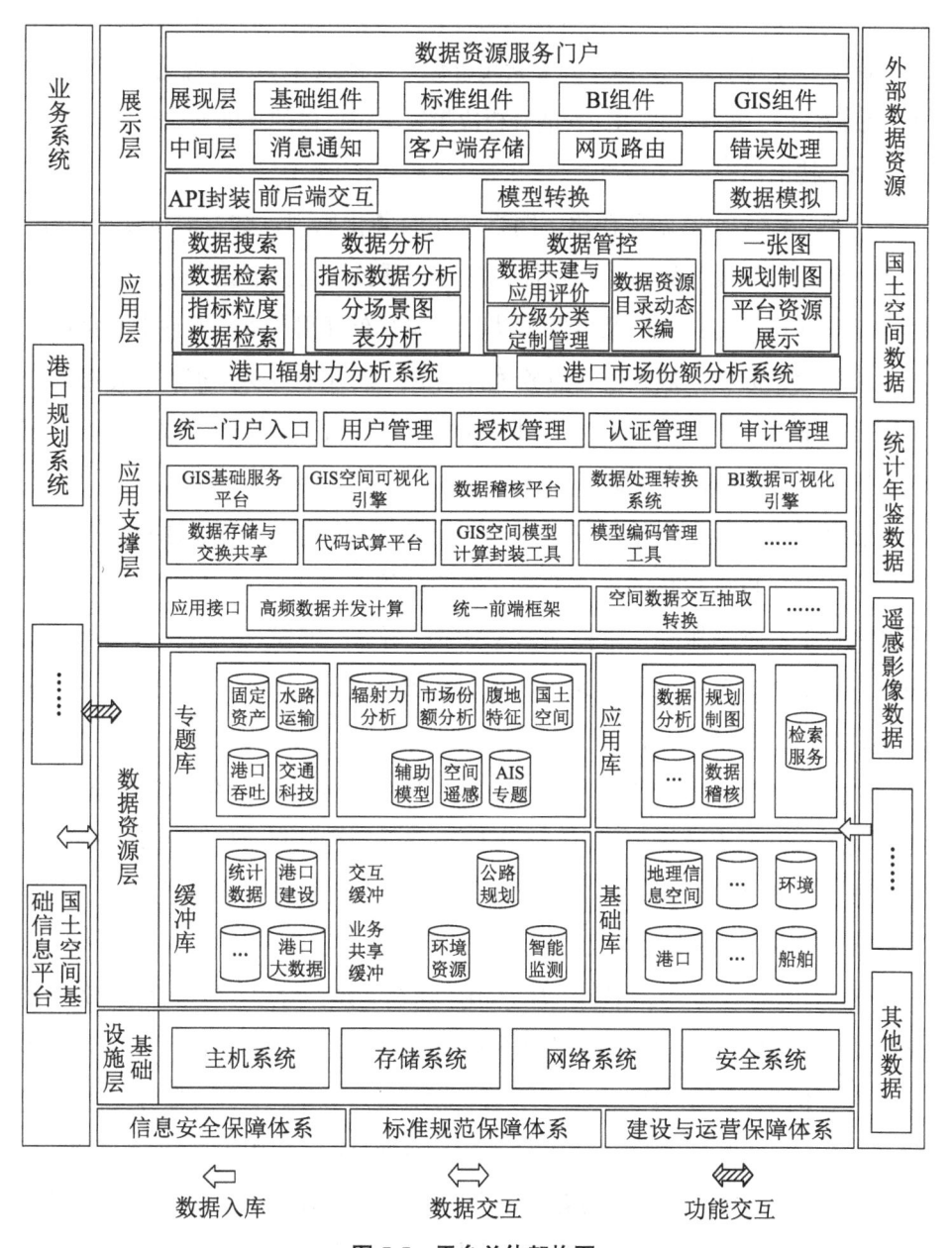

图 5-5 平台总体架构图

平台通过数据搜索、数据分析、数据管控、一张图、系统管理等基础服务，形成港口辐射力分析、港口市场份额分析、空间要素集成可视化等应用服务，通过建设一个数据资源中心、一个支撑平台和一张空间规划电子图，完成"基础支撑"功能建设，初步完成"港口腹地划分智能分析决策"目标的应用，基本实现数据跨业务共享化、交通空间要素集合化、腹地划分成果可视化，初步建成集"数据治理、可视化展示、智能分析决策"三位一体的基础支撑平台。

（2）技术架构

技术架构设计遵循平台化、网络化和服务化原则，结合港口规划数据、业务、流程多维度领域需求和特征，基于容器技术与控制论方法、微批式处理策略和并行优化技术以及事件驱动机制和发布订阅技术，实现平台集群资源调度优化、数据高效处理、服务编排集成，提升平台功能扩展演化和高效可靠运行能力。平台技术架构如图5-6所示，包括基础支撑、数据容器、应用支撑、安全防护和前端展现5个层次。

①基础支撑。平台采用VMware虚拟化技术将物理服务器池化，前后端主要应用服务以虚拟机的形式部署。存储设备采用iSCSI/NAS/CIFS等技术提供文件存储和共享服务，重点支撑大容量、静态、非结构化数据及测试开发数据存储服务。基础数据库通过物理服务器搭建Hadoop集群，使用Hadoop HDFS技术提供存储空间。

②数据容器。平台为满足多元、多尺度和多时数据的存储和管理需求，搭建满足不同要求数据容器，对于不同数据分别存储在不同环境下。创建结构数据库、非结构数据库、空间数据库、缓存数据库和分布式数据库，对各类数据库统一管理，向上层提供统一的访问接口。

③应用支撑。对支撑系统建设的应用服务进行统一管理，包括业务服务、引擎服务和算法服务。其中业务服务主要面向前端的业务应用，引擎服务为业务实现提供基本能力支撑，算法服务为建模提供开发服务接口，开发服务支持Java、C/C++、Spark和Python等主流编程语言。平台通过统一应用接入服务管理平台，完成与系统外部数据及应用的交互，并承担系统内部各模块用户管理。通过运维监控，完成支撑系统的应用服务运行状态统计、代码管理和日志收集。

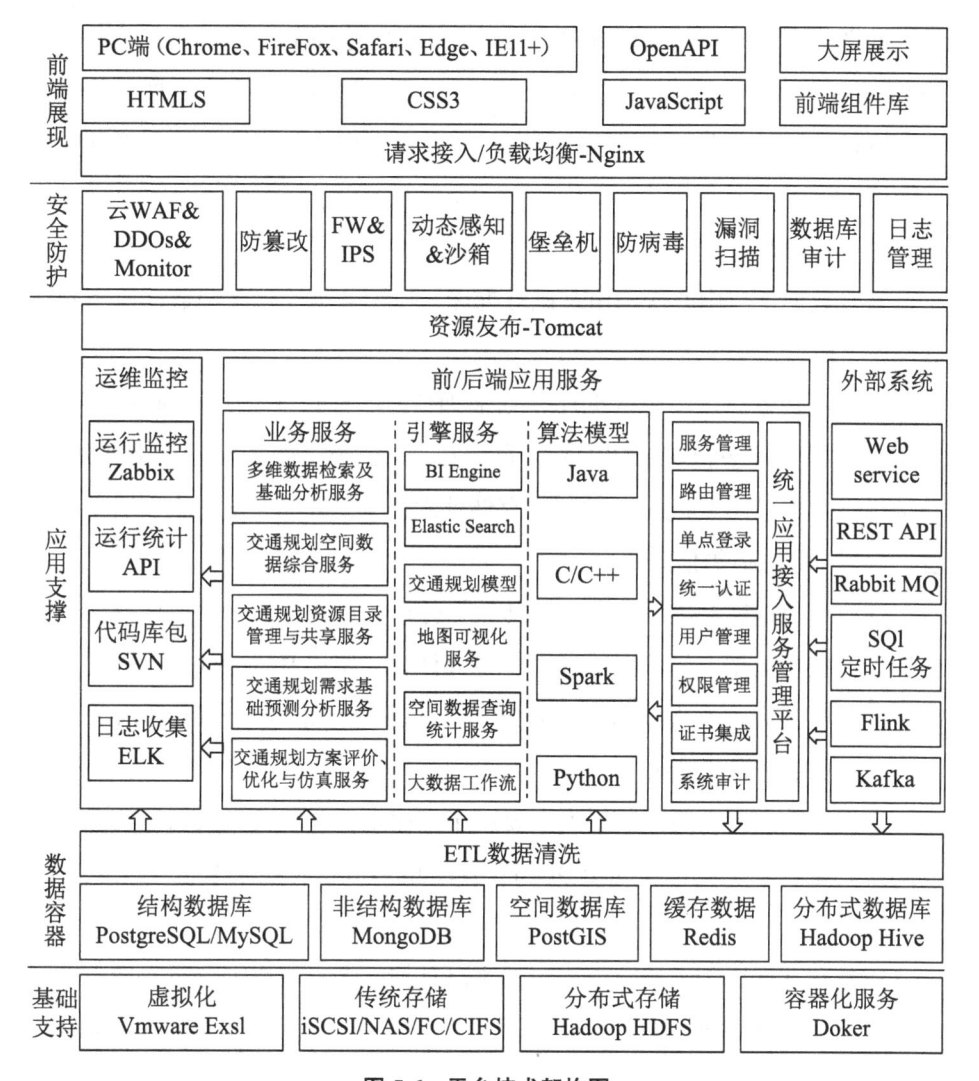

图 5-6 平台技术架构图

④安全防护。平台安全防护包括对互联网的访问流量进行域名设置，将流量牵引至云防护平台，通过云 WAF 拦截 SQL 注入、XXS 攻击、扫描探测、口令爆破等攻击行为；通过云防护中的 DDoS 功能，清洗拒绝服务攻击流量；通过云监测服务对系统可用性实时监控；通过网页防篡改代理，保障前端页面不被非法篡改或挂木马。

⑤前端展现。系统采用跨平台响应式网页设计，适应主流屏幕分辨率，适配各类动效设计。PC 的网页浏览、向用户开放的可视化 API 接口和大屏展

示，前端语言将采用最高版本HTML5、CSS3以及JavaScript技术，兼容主流的Chrome、Firefox、Safari、Edge、IE11浏览器。网页嵌入及大屏展示的交通图表分析、流量动态、路径展示等动静态效果采用主流开源的前端组件库集成调用。

（3）数据架构

平台数据资源中心架构由基础数据库、应用数据库、缓冲数据库和专题数据库组成。

①基础数据库。基础数据库包括地理信息、港口等交通基础设施数据，数据经数据治理平台实时加工后，存储在PostgreSQL集群数据库中。其中，非结构性数据采用MangoDB数据库存储处理，主要存储全文文本、图像、声音、影视、超媒体等信息。

②应用数据库。应用数据库包括数据分析、可视化展示、数据稽核、检索服务等应用数据，经数据治理平台整合计算，使用PostgreSQL集群方式构建，将读写分离，实现数据库负载分摊，并通过配备Redis服务器对关系数据库进行功能补充和优化。

③缓冲数据库。缓冲数据库主要用于存储来源与港口大数据等业务系统的高频业务数据，采用PostgreSQL、oracle、Influx dB三种数据库联合部署支撑，只接数据，只做存储，不做清洗计算。

④专题数据库。专题数据库包括水路运输、港口辐射力分析、港口市场份额分析等专题数据，数据经数据治理平台实时加工后，存储在PostgreSQL集群数据库中。

3. 多维时空数据可视化展示方案

（1）港口腹地空间数据治理方案

港口腹地基础空间数据治理主要是将现有港口数据GDB、shapefile、切片等多种数据源进行处理，通过空间数据处理形成港口腹地分析的综合矢量数据。

首先，在各类港口规划数据和现状数据的基础上，针对港口辐射力分析、港口市场份额分析不同应用需求，制作专题地图数据；再次，进行切片制作以底图展示的高效性，将各类底图数据使用进行切片形成1~17级底图切片数据。

①数据处理：将现有交通 GDB、SHP、切片、服务等多种数据资源进行处理，形成地图和空间数据资源，空间数据处理包括数据转换、数据编辑、数据配准等多项工作。

②数据转换：将通用的空间数据文件转换为平台所统一管理的数据模型进行入库。

③数据编辑：对转换入库的空间数据，进行空间和属性的编辑，使之符合平台服务要求。支持点、线、面等多种空间数据对象；提供了对象操作常用的功能，包括选择对象、创建对象、编辑对象、查看和编辑对象属性等多个功能。

④数据配准：将不同的坐标的数据进行投影和地理坐标系统的转换，可以将来源不同的数据集集成到共同的框架中。

⑤数据入库：将经过上述处理符合数据质量要求的交通规划基础空间数据批量导入数据库。

（2）港口腹地基础空间数据可视化配图方案

将港口腹地基础空间数据库中的数据按业务应用需求，根据一定的地图可视化制图表达规范进行配图，具体工作包括：

①地图符号化表达：针对不同类型的基础空间数据，选择合适的符号进行区分显示表达。

②地图符号制作：针对港口、码头、航道、船舶等专业性较高的交通要素，需要进行地图符号制作，制作符合规范的点、线、面等空间对象的可视化表达符号。

③标签专题图：主要用于对地图进行标注说明。可以用图层属性中的某个字段（或者多个字段）对点、线、面等对象进行标注。制图过程中，常使用文本型或者数值型的字段，如港口名称、河流宽度、等高线高程值等进行标注。

④分级配图：根据地图综合展示需要，对不同图层设置不同比例尺下地

图各图层的样式及可见性，保证在每个电子地图标准比例尺下，地图负载信息均衡以及符合视觉显示逻辑。

（3）港口腹地基础空间数据服务发布方案

根据港口辐射力分析、港口市场份额分析业务需求，将各交通基础地理信息图层进行即时发布。

①地图服务发布：将空间数据或静态切片缓存数据通过地理信息服务平台发布，形成空间服务资源。地图按照服务类型的不同可分为数据服务、地图服务等。根据使用用途的不同，一般将空间数据发布成数据服务，将静态切片发布成地图服务。

②地图缓存：为提升用户地图的浏览的性能，需要对配置好的地图进行地形缓存操作。对发布的地图服务生成地图静态缓存切片，设置缓存生成时所需的范围、比例尺、数据格式等参数。

（4）港口腹地空间数据异步更新方案

①电子地图预生成。电子地图利用现有矢量数据、影像数据，通过对内容进行选取、组合，经符号化处理、图面整饰后可形成的重点突出、色彩协调、符号形象、图面美观的各类地理底图，可用于在统一坐标系下切换对照浏览，也可供用户 WEB 下载后打印输出等应用。

电子地图主要包括线划地图、影像地图等。线划地图指以矢量交通地理空间数据为主要数据源，经过数据分级与系列比例尺可视化设置而形成的地图；影像地图指以航空、航天遥感影像为基础，并配以矢量线划和地名等各类注记得到的地图。电子地图的预生成工作主要包括数据配准、比例尺设置、数据分层定义、色彩渲染定义、线型定义和符号注记定义等。

②预生成数据异步更新。作为空间地图服务，需要将地图数据进行预生成处理。缓存数据的制定目前还没有国家统一标准，其制定主要参考数据的配图、显示需要和显示设备的参数。电子地图按照显示比例尺或地面分辨率进行地图分级。地图比例尺级别预定义为：

地面分辨率

$=[\cos(纬度 \times Pi/180) \times 2 \times Pi \times 地球长半径（米）] /(256 \times 像素)$

纬度采用赤道纬度，即纬度为 0；pi 为圆周率；地球长半径取 2000 国家大地坐标系规定参数，为 6378137 米；由此确定地图分级。

制作电子地图时，每级应与表 5-5 所列的相应比例尺数据源对应，其要素内容选取应遵循以下原则：

每级地图的地图负载量与对应显示比例尺相适应的前提下，尽可能完整保留数据源的信息。

下一级别的要素内容不应少于上一级别，即随着显示比例尺的不断增大，要素内容不断增多。

要素选取时应保证跨级数据调用的平滑过渡，即相邻两级的地图负载量变化相对平缓。

根据图面负载，文字可放置在注记符号的八个方向，优先顺序分别为：右方、左方、上方、下方、右上、右下、左上、左下。

表5-5　　　　　　地图级别、比例尺、分辨率对应表

级别	显示比例尺	显示内容
2	1:147,914,666.6	大洲、大洋
3	1:73,957,338.78	大洋、国家名
4	1:36,978,669.43	国家、首都、省、全球一级水系名称
5	1:18,489,334.72	国家、首都、省、地区、全球一、二级水系名称
6	1:9,244,667.36	国家、首都、省、地区、地级市、全球一至三级水系名称
7	1:4,622,333.68	首都、省、地区、地级市、县、全球水系名称
8	1:2,311,166.84	首都、地区、地级市、县、全球水系名称
9	1:1,155,583.42	首都、地区、地级市、县、乡镇、全球水系名称
10	1:577,791.71	首都、地区、地级市、县、乡镇、港口名称、全球水系名称
……	……	……
17	1:4,514.00	所有
18	1:2,257.00	所有

（5）港口腹地多维时空数据可视化柔性展示方案

①多目标弹性资源调度技术。基于容器构造的集群调度框架，面向批处

理类和服务类等混合应用场景，通过实时监测任务状态、集群状态、调度目标分析集群资源需求动态变化的特征，基于图模型的应用资源需求和资源供给关系进行建模与问题求解，利用增量式优化算法，提高资源调度的执行效率，支持多目标优化的资源动态调度，实现平台运行时的弹性资源调度。

②多源异构数据分布式存储与处理架构。港口腹地数据的主要特点一是"多源异构"，二是"外延丰富"。针对海量异构数据和高效实时处理需求，研究多源异构数据的分布式存储架构，根据数据来源、规模、关联特征、实时性等特征，综合运用分布式文件系统、关系/非关系数据库等多种存储系统优势，基于内存的高性能流式数据处理框架，通过数据聚合、微批式处理以及并行优化，实现流式数据的实时高效处理。

时空数据治理总体架构划分为时空数据治理接入层、时空数据基础治理层、时空数据深度治理层和时空数据应用层四个数据治理逻辑层次。按数据的流向，结合数据治理的不同功能分类，将时空数据治理封装为不同的功能模块。

③服务柔性编排技术。采用基于事件机制的服务编排调度，通过发布/订阅机制实现不同能力服务对于不同类型事件的关联，达到低耦合的服务协调交互。服务编排框架通过 TA 规则实现服务之间的编排，通过事件队列和事件排序等方法实现规则执行调度的灵活调整，达到规则执行先后顺序的定制。

第六章　辽宁省沿海港口腹地划分实证研究

环渤海地区港口群腹地辐射范围相对较广且相对独立。一是津冀沿海港口地处渤海西岸，服务范围以京津冀地区为主，并有效辐射了我国华北、西北大部分省区。二是山东半岛港口以山东半岛蓝色经济区和山东半岛城市群发展为重要依托，主要服务于鲁豫及西向腹地经济社会发展，辐射新亚欧大陆桥经济走廊。三是辽宁省沿海港口处黄海和渤海湾的沿岸，是我国东北部地区唯一沿海省份，承担着东北三省对外开放的门户和振兴东北等老工业基地的重要使命。

辽宁省有丰富的海岸线资源，考虑到辽宁沿海各港口联通的后方综合运输通道及服务腹地各有侧重，本章将通过前文构建的两阶段腹地划分模型准确划分出港口的腹地范围及在混合腹地中市场份额占比，从而为区域港口发展提供科学引导。

第一节　腹地基本情况

1. 东北腹地经济发展现状

东北三省国土面积78.9万平方公里，占全国国土面积的8.2%。2023年区域内总人口9583万人，地区生产总值6.0万亿元，外贸进出口总额2088亿美元，分别占全国总量的6.8%、4.6%和3.5%。

东北地区是我国近代产业起步较早的地区之一，已形成采掘、冶金、石化、机械制造、交通设备制造、建材等重化工业为主体的产业体系，并延续至今，在全国经济发展中有着独特的历史地位和贡献。

东北三省自然资源禀赋条件十分优越。耕地、林地资源丰富，是我国重要的商品粮、森工产品生产和出口基地；矿产资源蕴藏量大，原油、铁矿石等工业原料产量占全国比重较高。

2023年东北三省主要社会经济指标见表6-1。

表6-1　　　　2023年东北三省主要经济指标

指标	单位	辽宁	吉林	黑龙江	合计	占全国比重
土地面积	万km2	14.8	18.7	45.4	78.9	8.2%
人口	万人	4182	2339	3062	9583	6.8%
GDP	亿元	30209	13531	15884	59625	4.6%
第一产业占比	%	9%	12%	22%	13%	-
第二产业占比	%	39%	34%	27%	35%	-
第三产业占比	%	52%	54%	51%	52%	-
人均GDP	元/人	72237	57850	51874	62219	67.8%
外贸进出口总额	亿美元	1479	241	369	2088	3.5%
社会消费品零售总额	亿元	10362	4150	5634	20147	4.3%

从近几年发展情况看，东北腹地经济产业发展主要呈现以下特点。

（1）地区经济稳定增长，占全国经济总量比重下降

东北三省是我国重要的工业基地，从"一五"时期到20世纪90年代，东北老工业基地为我国的经济建设做出了巨大贡献。改革开放以来，受计划体制的影响，东北地区经济渐渐落后于东部沿海地区，工业竞争力开始减弱，在全国区域中的地位下降。2003年，中共中央、国务院正式印发《关于实施东北地区等老工业基地振兴战略的若干意见》，此后又相继出台一系列支持政策。在国家战略的大力支持下，东北三省经济体制改革成效显现，技术革新步伐加快，现代产业链体系逐步形成。"十一五""十二五""十三五"期，东北三省经济增速比全国分别高出0.1、1.0和2.0个百分点。"十四五"期，受国际宏观环境和新冠疫情双重冲击，2023年，东北三省完成地区生产总值6.0万亿元，2015年以来年均增速4.1%，低于全国平均增速2个百分点见图6-1。

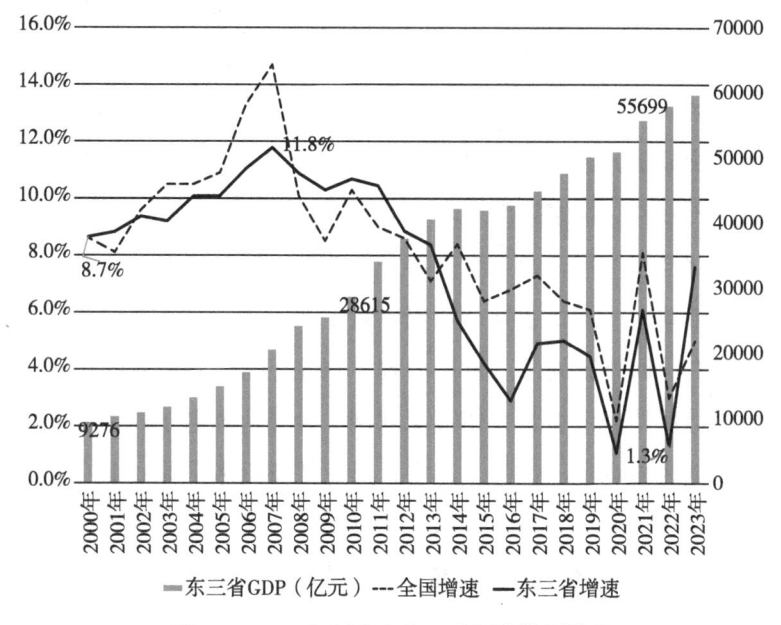

图6-1 2000年以来东北三省经济增长情况

（2）外向型经济发展水平有待提升

2023年，东北地区进出口总额为2088亿美元，仅占全国总量的3.5%，

外贸对区域经济贡献率为25%，低于全国32%的平均水平。东北三省区域内部外向型经济发展不均衡，其中辽宁省占区域贸易总额的74%，大连、沈阳又占辽宁省的70%左右。东北三省外贸进出口贸易种类相对单一，且处于价值链低端，主要依靠传统农业、传统重工业和传统加工制造业。如出口日韩产品多为初级产品，对农产品仅仅停留在简单加工的初级阶段，附加值不高，与发达国家精深加工相比存在较大差距；传统制造业主要是零部件或者半成品加工组装等方式出口，缺乏自主研发核心技术的中小企业，产业链短且附加值不高，市场竞争力不强。综合来看，东北三省外向型经济发展还有较大提升空间。

（3）重工业仍是区域主导产业

新中国成立后，东北三省凭借毗邻苏联的区位优势以及良好的资源禀赋条件，重工业、资源工业快速发展。20世纪50~70年代，东北三省大力开发煤炭、石油、森林等资源，有力支撑了其他省市的发展；改革开放以来，以上海为主的长三角，以广州、深圳为主的珠三角紧抓政策机遇，大力发展外向型经济，区域经济实现突飞猛进的增长，而东北三省相对单一的产业结构使其发展受到局限，经济发展滞后于全国其他地区。针对当时东北经济产业发展问题，2003年，国家提出东北老工业基地振兴战略并先后出台了近20个文件支持东北经济发展，经过十多年升级改造，腹地产业结构调整虽取得一定成效，但带动地区增长主导产业仍以重工业为主，重工业产值占工业总产值的七成左右。回顾腹地工业发展历程，东北三省一直依赖传统工业优势和各种资源优势保持经济增长，错过互联网、金融业和电子商务发展机遇，没有形成和其他区域竞争的优势。其中，黑龙江省松嫩平原农业在全省发展较好，种植玉米、小麦、大米、小米、大豆等多种作物；吉林省是全国规模最大的商品粮生产基地之一；辽宁省工业发达，还有黄金、铁矿石、煤炭资源以及花生、苹果、丝绸等等各类经济作物，此外，鞍山是全国领先的钢铁生产基地，全省制盐工业发达，是全国最大的盐生产区。

（4）辽宁沿海经济带在区域经济中引领作用进一步提升

辽宁沿海经济带是我国环渤海地区和东北地区的结合部，是东北主要出海通道和对外开放的重要窗口。2009年,国务院批准《辽宁沿海经济带发展规划》,将辽宁沿海地区开发上升到国家战略高度。经过多年发展,辽宁沿海经济带在产业转型升级、体制创新、开放合作、基础设施建设等方面取得重要进展和积极成效。辽宁沿海经济带6市国土面积占东北三省总面积的7.3%,2023年实现地区生产总值、外贸进出口额占东北三省比重为25%、50%左右。当前,辽宁沿海经济带充分发挥国家级新区、自贸试验区、开发区等重点开发开放平台作用,积极打造世界级石化和精细化工产业基地、先进制造业基地、国内领先的新一代信息技术产业基地和现代海洋城市,辽宁沿海经济带已经成为东北老工业基地全面振兴的重要支撑。

2. 东北腹地综合运输发展现状

经过多年发展,东北三省综合交通运输建设成效显著,运输服务水平不断提高,区域内基本建成以干线铁路、高速公路、民航机场为骨架,普通公路为补充,沿海港口和重要枢纽为支点的综合立体交通运输网络,总体形成"两纵两横"的综合运输通道格局,其中"两纵"指"同江—哈尔滨—长春—沈阳—大连""黑河—齐齐哈尔—通辽—沈阳";"两横"指"绥芬河—牡丹江—哈尔滨—齐齐哈尔—满洲里""珲春—长春—通辽—锡林浩特—二连浩特"。截至2020年底,东北三省铁路营业里程、高等级公路、沿海港口泊位数量分别为1.84万公里、1.31万公里、427个,是2010年的130%、205%、146%。表6-2是典型年份东北三省主要交通指标情况。

表6-2　　　　　　　　典型年份东北三省主要交通指标

	2010 年	2015 年	2020 年
铁路营业里程（万公里）	1.41	1.71	1.84
公路里程（万公里）	34.38	38.09	40.68
其中高等级公路（万公里）	0.64	1.11	1.31
沿海港口泊位数量（个）	293	390	427
内河航道里程（万公里）	0.7	0.7	0.7
民用运输机场数（个）	−	−	25

铁路：东北地区铁路网建设时间较早，很早就形成以"滨州—滨绥"线、"京哈—沈大"线为主的"三纵四横"的网络框架，铁路基础设施比较完善。其中，"三纵"为：中部干线（哈大线）、西部干线（齐齐哈尔—通辽—大虎山）和东部干线（哈尔滨—吉林—沈阳）；"四横"为：满洲里—齐齐哈尔—哈尔滨—牡丹江—绥芬河、伊尔施—白城—长春—吉林—图们—珲春、通辽—四平—梅河口—通化—集安和赤峰—阜新—沈阳—丹东；另有沈山（秦沈）和京通共两条进出关主通道，并有连接朝鲜、俄罗斯、蒙古的出境通道。

公路：《振兴东北老工业基地公路水路交通发展规划纲要》提出的"五纵、八横、两环、十联"的格局正在形成。其中"五纵"为：鹤岗—佳木斯—牡丹江—敦化—通化—丹东—大连、同江—哈尔滨—长春—四平—沈阳—锦州—山海关、嘉荫—伊春—绥化—哈尔滨—吉林—梅河口—沈阳—大连、黑河—明水—大庆—松原—双辽—阜新—朝阳—承德；嫩江—齐齐哈尔—白城—通辽—彰武—沈阳—本溪—丹东；"八横"：鹤岗—伊春—北安—嫩江—加格达奇、鸡西—林口—方正—通河—铁力—绥棱—海伦—拜泉、绥芬河—牡丹江—哈尔滨—大庆—齐齐哈尔—阿荣旗、珲春—敦化—吉林—长春—松原—白城—乌兰浩特、抚松—辉南—长春—双辽、集安—通化—梅河口—辽源—四平—双辽—通辽、通化—抚顺—沈阳—新民—阜新、丹东—海城—盘锦—锦州—朝阳—赤峰；"两环"为：铁岭—抚顺—本溪—辽阳—辽中—新民—铁岭、农安—德惠—九台—双阳—伊通—公主岭—农安；"十联"为：北安—齐齐哈尔、哈尔滨—明水、五常—尚志—延寿—方正、大蒲柴河—桦甸—双阳—长春、伊通—辽源、沈阳—法库—康平—四平、阜新—锦州、庄河—盖县、绥中—凌源、大连大窑湾疏港路。

航空：现已形成以区域枢纽机场为骨干，以区域干线机场等非枢纽机场相配合的基本格局。其中，沈阳是我国八大区域枢纽之一，大连、哈尔滨为我国十二大干线机场。

管道：东北地区原油管输体系分为两部分，一是已形成"以北油南下为主，海油内送为辅"的原油干线管输体系，如庆抚线、庆铁线、铁秦线、庆铁复线、铁大线、长吉线、长吉新线、庆哈线和漠大线等长输管道。二是围绕东北内陆油田和沿海港口就近供应，形成的原油短途外输体系。

水运：沿海港口基本形成了以大连为核心，营口为骨干，丹东、锦州、盘锦、葫芦岛等共同发展的格局。内河运输主要集中在黑龙江、松花江两大内河。

第二节　辽宁省沿海港口基本情况

1. 地理位置

辽宁省南濒黄海、渤海，辽东半岛斜插于两海之间，隔渤海海峡，与山东半岛呼应；西南与河北省接壤；西北与内蒙古自治区毗连；东北与吉林省为邻；东南以鸭绿江为界与朝鲜隔江相望。大陆海岸线东起鸭绿江口、西至辽冀海域行政区域界线，全长2110公里。

辽宁沿海港口位于东北地区最南端，东接朝鲜，北临俄罗斯，南望日本、韩国，处于东北亚地区的中心位置，是东北三省和内蒙古东部地区内外贸易最便捷的海上运输通道门户。

2. 辽宁沿海港口发展历程

辽宁省沿海共有大连港、营口港、锦州港、丹东港、葫芦岛港和盘锦港等6个港口，基本形成了大连港和营口港为主，锦州港和丹东港为辅，葫芦岛港和盘锦港为补充的发展模式。改革开放后，辽宁沿海港口主要经过了如下几个发展过程。

（1）1985年以前：起步发展阶段

1985年以前，辽宁沿海港口建设主要集中在大连港鲇鱼湾港区、大港港区以及营口港老港区。1899年，大连港开始建设，依次经历了沙俄租借时期（1899-1905年）、日本统治时期（1905-1945年）、苏联代管时期（1945-1950年）、中国自行管理时期（1951年以后）。1861年，营口港第一次对外开埠，1864年，营口港正式建成开放。1947年，营口港部分码头设施遭战争破坏，1963年营口港港务管理局成立，着手修复营口港设施。这一时期，港口建设以地方中小码头为主，重点建设了大连港鲇鱼湾港区新港1、2原油泊位，大港港区通用散货、通用件杂货、客货滚装泊位，营口港老港区通用件杂货泊位等。1985年末，全省共有生产性泊位148个，其中万吨级泊位25个，港口吞吐能力3806万吨，货物吞吐量4599万吨。

（2）1986—2000年：稳步发展阶段

随着改革开放的深入，国民经济进入新一轮的快速发展期，在"扩大内需、增加出口"的拉动下，港口建设投入资金不断加大，大连港大窑湾集装箱码头一期、二期工程相继建设，新港港区油码头建设，营口港鲅鱼圈港区一期二期工程建设，锦州港建成万吨级以上泊位8个，葫芦岛港绥中港区、丹东港浪头港区开港运营。2000年全省共有生产性泊位258个，其中万吨级82个，综合通过能力1.25亿吨，货物吞吐量1.37亿吨，但总体而言，以通用泊位建设为主，大型专业化泊位相对较少，万吨级及以上泊位仅占全部泊位的31.8%，结构性矛盾相对突出。

（3）2001—2018年：快速发展阶段

2001年后，随着全国港口管理体制改革和《中华人民共和国港口法》的实施，辽宁沿海港口建设积极性得到极大调动。2003年，国家层面发布《中共中央国务院关于实施东北地区等老工业基地振兴战略的若干意见》，提出建设大连东北亚国际航运中心，进一步对辽宁沿海港口提出时代要求。2007年，继大连市之后，锦州、盘锦和葫芦岛市成立港口与口岸管理局，港口管理体系逐步理顺。2008年《辽宁沿海港口布局规划》颁布实施，2010年全省各港总体规划全部编制完成，为港口发展建设提供了依据，辽宁沿海港口进入加速发展阶段，特别是2013年以前，全省港口吞吐量年均增速超10%，高于全国沿海省份平均水平，港口总体规模迅速扩大。2018年，全省港口吞吐量突破10亿吨，外贸吞吐量接近3亿吨。期间一批30万吨级原油、矿石等大型专业化码头建成投产，老港区加速改造，设施深水化、专业化水平大幅提升。

（4）2019年至今：整合调整阶段

经过近20年的快速发展，辽宁沿海港口也遇到诸多问题，如丹东港集团由于资金链断裂于2017年前后吞吐量大量下滑、盘锦港由于地炼企业涉税关停导致油品吞吐量大幅下降等。2019年，辽宁港口集团正式成立，辽宁沿海港口一体化发展进程加速，目前大连、营口、丹东、盘锦等港口已由辽港集团完成整合，整合期间由于企业重组和投资战略等因素，沿海港口固定资产投资明显下降。同时，受新冠疫情席卷全球、东北地区经济持续下行等外部环境影响，加之滚装吞吐量统计制度改革（全省港口吞吐量统计值随之减少约2亿吨）等因素，辽宁沿海港口吞吐量近年来同比减少，由2018年10.5亿吨降至2023年的7.5亿吨。

新时期，辽宁沿海港口也面临着新的发展使命要求。2021年，国务院批复《东北全面振兴"十四五"实施方案》，明确要求交通领域提升东北亚国际合作水平、大力发展现代物流和多式联运、加快新型基础设施建设等。同年9月，国务院批复《辽宁沿海经济带高质量发展规划》，明确"一核引领、两翼协同、多点支撑"的高质量发展格局。辽宁沿海港口亟需扭转发展颓势，挖潜资源整合优势，向更好地服务东北振兴等国家战略的新发展阶段迈进。

3. 港口运营状况

2023年辽宁沿海港口完成吞吐量7.5亿吨，其中外贸吞吐量2.7亿吨。集装箱、石油及制品、金属矿石和煤炭是辽宁沿海港口主要货类，吞吐量占总量的65%。2023年辽宁省沿海港口吞吐量现状参见表6-3，2023年辽宁省沿海港口分港口吞吐量完成情况参见图6-2。

表6-3　　　　　　　2023年辽宁省沿海港口吞吐量现状　　　　单位：万吨、万TEU

	合计		出口		进口	
	合计	外贸	合计	外贸	合计	外贸
合计	75341	25968	41769	6837	33572	19131
1. 煤炭	6685	2054	515	4	6170	2051
2. 石油及制品	15304	6942	7255	1107	8049	5835
其中：原油	9898	5185	2813	0	7085	5185
成品油	3941	1108	3495	864	446	244
3. 金属矿石	9334	8025	747	423	8587	7603
其中：铁矿石	8744	7521	714	423	8030	7098
4. 钢铁	4345	787	4126	722	219	65
5. 矿建材料	4406	804	4317	801	89	2
6. 粮食	4219	1407	2877	106	1342	1301
7. 其他	31048	5949	21931	3675	9117	2274
其中：集装箱箱量	1290	394	653	200	637	194

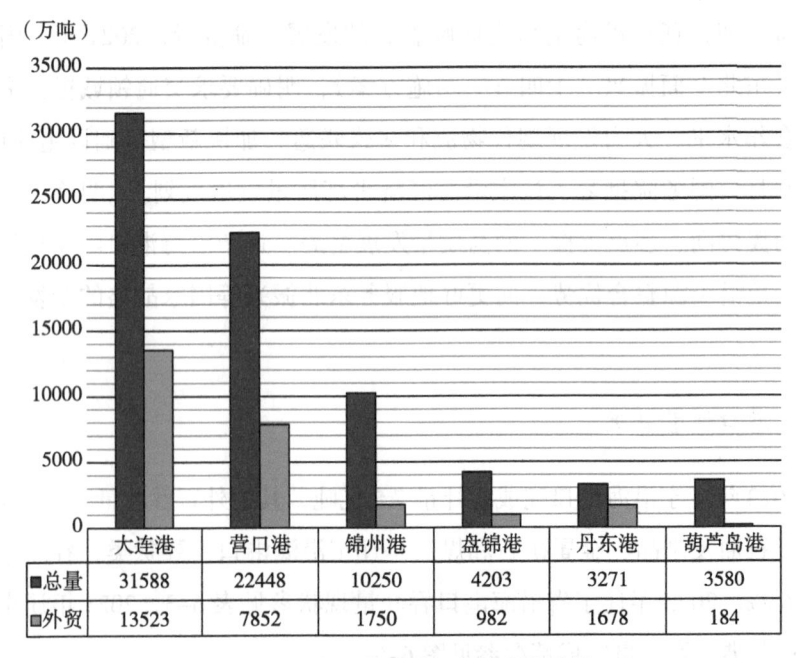

	大连港	营口港	锦州港	盘锦港	丹东港	葫芦岛港
总量	31588	22448	10250	4203	3271	3580
外贸	13523	7852	1750	982	1678	184

图 6-2　2023 年辽宁各港口吞吐量完成情况

近几年,辽宁沿海港口吞吐量变化的主要特点有如下方面。

(1) 港口吞吐量波动中增长,阶段性特征明显

2000年以来,辽宁沿海港口吞吐量在波动中增长,总体可分为三个阶段:进入新世纪,随着东北老工业基地振兴战略实施,沿海港口吞吐量总体呈快速增长的态势,2000—2010年年均增速为17.4%;"十二五"期,全国经济进入新常态背景下,东北经济出现增长乏力、增速放缓现象,2011年到2015年,辽宁、吉林、黑龙江三省GDP增速分别为3.0%、6.5%、5.7%,与2010年相比下降了11.2、7.3、7.0个百分点,经济放缓背景下,"十二五"期,辽宁沿海港口吞吐量年均增速减缓至8.0%;"十三五"期,国内经济增速换挡,新常态下经济下行压力加大,在此背景下,东北三省经济增长明显放缓,经济总量占全国比重由"十二五"末期的6%降至2018年的5%,受此影响,港口吞吐量增速增幅明显收窄,2015-2018年年均增速仅为1.7%;2019年港口吞吐量统计口径发生变化,辽宁沿海港口滚装吞吐量大幅下降,加之2020年经济不振叠加新冠疫情影响,辽宁沿海港口吞吐量出现负增长,2019—2023年年均增速为-4.4%(参见图6-3)。

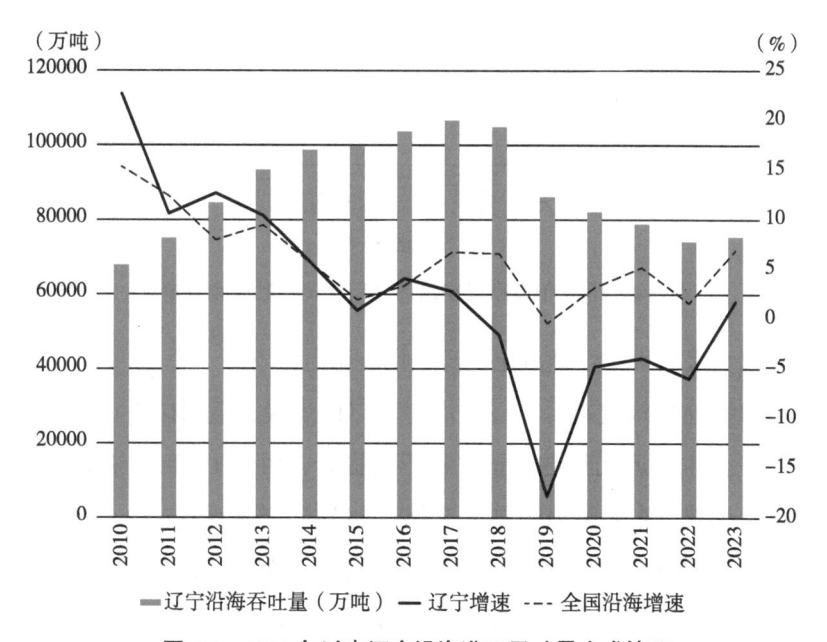

图6-3 2000年以来辽宁沿海港口吞吐量完成情况

（2）外贸吞吐量以外贸进口为主，进口能源及原材料增长较快

从外贸吞吐量增长看，2000年以来辽宁沿海港口外贸吞吐量年均增长7.4%，2023年外贸吞吐量占总吞吐量比重为34%，与2015年相比上升10个百分点。从外贸吞吐量的构成看，辽宁沿海港口以外贸进口工业原材料为主，2023年外贸进口量占外贸总吞吐量的74%，与2015年相比上升3个百分点。从进口货类看，2023年外贸进口铁矿石、外贸进口原油和外贸进口煤炭分别占外贸进口总量的37.1%、27.1%和10.7%，经港口进口的能源和原材料主要服务腹地企业生产需求（参见图6-4）。

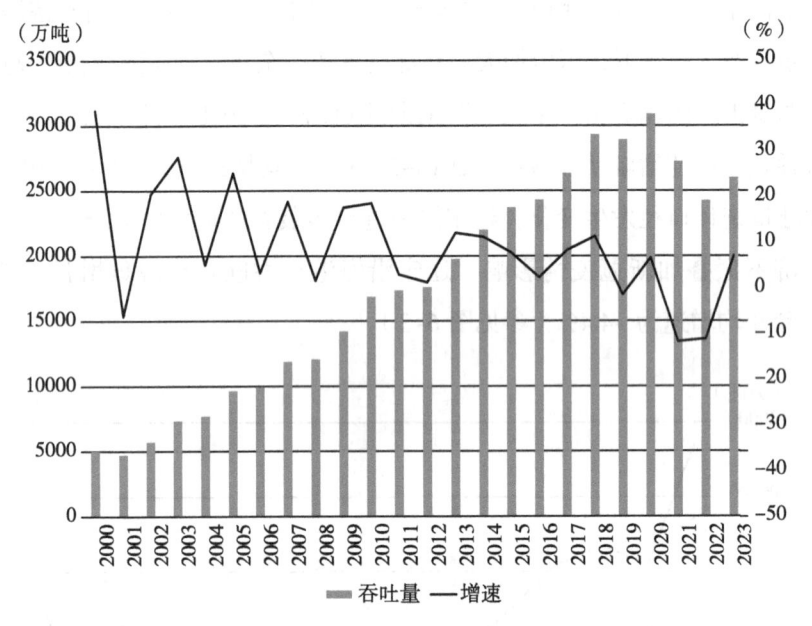

图6-4 2000年以来辽宁沿海港口外贸吞吐量完成情况

（3）以大宗散货为主且占比上升，集装箱占比下降

从港口吞吐量构成来看，辽宁沿海港口以煤炭、金属矿石、石油及制品等大宗散货为主，近几年占总量比重不断提升，由2015年24%提升至2023年的42%，反映出东北腹地的重化工业产业特征。集装箱占比由2015年30%降至2023年的26%。从主要货类吞吐量增速和规模看，2015—2023年，辽宁沿海港口原油、铁矿石和煤炭属于规模较大且增速较快的货类；水泥、非金

属矿、粮食和钢铁，规模不大，但增速较快；集装箱和矿建材料吞吐量规模较大，但总量有所下降（详见图6-5、图6-6）。

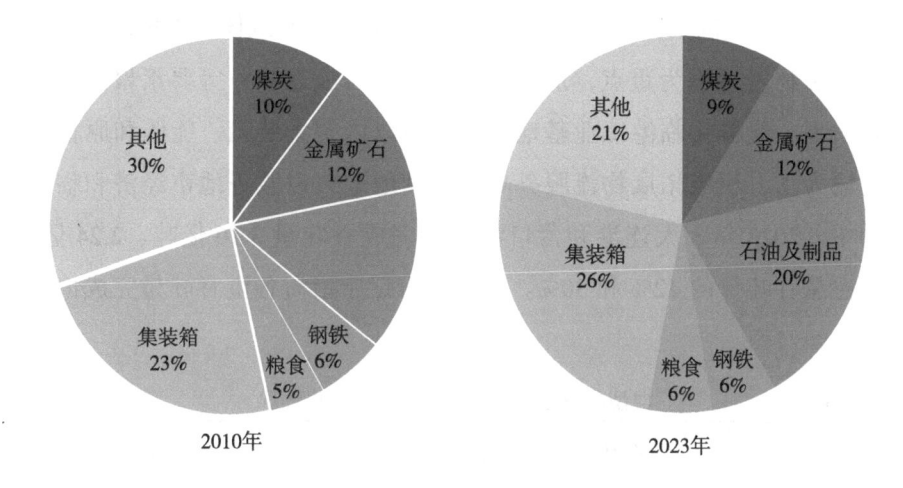

图6-5　典型年份辽宁沿海港口吞吐量构成情况

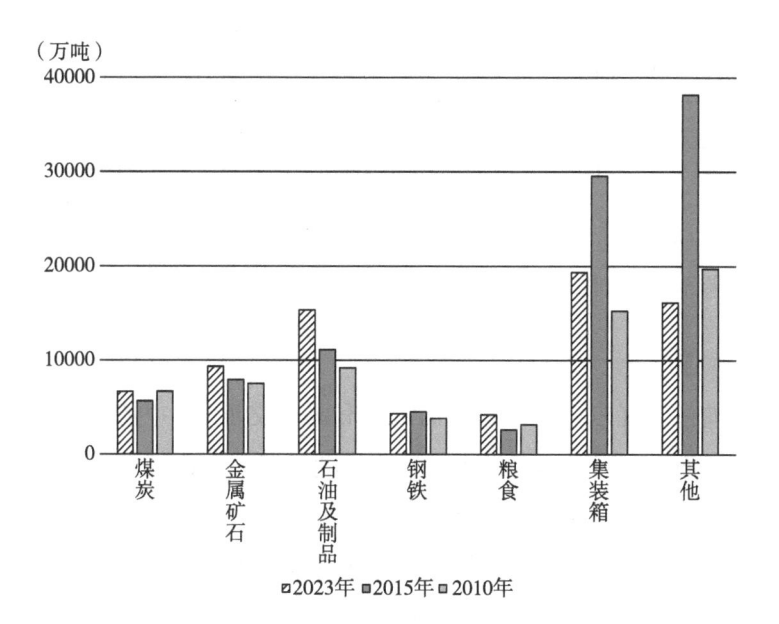

图6-6　辽宁沿海主要货类吞吐量完成情况

（4）初步形成以大连港为核心、营口港为骨干、其他港口共同发展的格局

当前，大连港是大连东北亚国际航运中心的核心载体，以集装箱干线运输和能源物资运输为重点，加快物流、贸易、航运服务等要素聚集，优化发展大型、集群化临港工业基地。营口港以内贸集装箱、能源和原材料物资运输为主，积极拓展物流服务功能。其他港口以服务地市经济和临港产业为主。2023年，大连港和营口港分别完成吞吐量3.16亿吨、2.24亿吨，分别占总吞吐量的42%和30%。典型年份辽宁沿海各港吞吐量完成情况见表6-4。

表6-4　　　　典型年份辽宁沿海各港吞吐量完成情况　　　　单位：万吨

	2010 年		2015 年		2023 年	
	总量	外贸	总量	外贸	总量	外贸
大连港	31399	10830	41482	13023	31588	13523
营口港	22579	4868	33849	7904	22448	7852
锦州港	6008	688	9192	1001	10250	1750
丹东港	5343	454	15022	1767	3271	1678
盘锦港	331	5	3444	280	4203	982
葫芦岛港	2129	0	1870	4	3580	184
全省合计	67790	16845	104859	23979	75341	25968

4.各港基本情况及发展重点

（1）大连港

大连港位于辽东半岛最南端的黄海和渤海交汇处，内陆交通网络发达，主干线连续而广阔，基本能够覆盖整个东北地区。大连港作为中国沿海港综合运输系统的重要枢纽之一，是优化整个区域生产力布局、辅助调整工业产业结构、形成大规模专业化生产链的重要支撑。大连港作为中国沿海集装箱运输的主要港口，是该地区的主要能源和原材料运输出海口，近年来一直专注于对集装箱干线运输业务的开辟，并着力于加强石油、矿石、谷物等散装货物的运输吸引力，加快发展和完善港口保税、信息、物流、商贸等服务。

(2)营口港

营口港位于辽东湾东部、渤海西端,是辽宁中部城市群中对外联系距离最近的港口,是东北三省和内蒙古东部的重要出海口岸之一。营口港作为中国沿海港综合运输系统的主要枢纽之一,是优化整个区域生产力布局、辅助调整工业产业结构、形成大规模专业化生产链的重要支撑。同时,营口港作为中国沿海集装箱运输的主要港口,是该地区主要的能源和原材料运输出海口。近年来,营口港以铁矿石运输为主,致力于发展食品杂货综合运输,大力升级现代港口服务和提升港口功能。

(3)锦州港

锦州港处于辽西走廊的咽喉地带,是国内外贸易的重要通道。锦州港不仅是锦州市对外来往的门户,也是辽宁西部和内蒙古到世界其他地区最方便的港口。锦州港是辽宁省沿海集装箱港口和散装货物运输的重要港口之一,近年来主要集中于煤炭、粮食等散装货物和集装箱业务的开发,重点着手发展和完善港口和物流等相关产业。

(4)丹东港

丹东港位于黄海北部、辽东半岛东北部,处于鸭绿江入海口西岸,向南邻接大连市,向东与朝鲜半岛隔江相望,是中国大陆与朝鲜半岛及日本列岛距离较近的港口之一,也是中国海岸线最北端的国际贸易商港。因其地处东北亚中心地带,是中国万里海疆最北端的不冻良港,因此成为辽宁沿海经济带辐射东北腹地经济的重要一翼。丹东港业务范围辐射东北地区,覆盖辽宁、吉林、黑龙江省及内蒙古东部地区,主要包括辽宁、吉林、黑龙江的粮食主产区,黑龙江煤炭基地,以及通化、本溪、抚顺等大型钢铁企业。

(5)葫芦岛港

葫芦岛港地处辽西走廊西侧,背靠蒙东地区,东连东北三省,西接京津冀世界级城市群,是中国东北的西大门,为山海关外第一市。葫芦岛港地处渤海辽东湾西北岸,夏避风浪,不冻不淤,是可全年通航的现代化海港。葫芦岛港的经济腹地发达,有丰富的矿类、粮食、钢材、煤炭等资源互通。近年葫芦岛港的重点放在发展能源、原材料、粮食、化肥等大宗物资运输和集装箱支线运输，拓展临港工业、现代物流等综合服务功能。

（6）盘锦港

盘锦港位于松辽平原南部，大辽河入海口。港口背依盘锦市和辽河油田，面临渤海。盘锦港的主要货种包括各种型号汽油、柴油、渣油、润滑油、沥青以及液体化工品等液态产品，各种化工原料、粮食、建材、煤炭、非矿等，大型设备、钢结构件、集装箱等。

5. 港口的地位与作用

（1）海陆辐射能力不断增强，是连接东北亚和蒙俄地区的重要枢纽

海向辐射网络不断拓展。大连港已开通集装箱航线175条，其中国际航线92条，航线网络覆盖全球160多个国家和地区、300多个港口，是我国与其他国家开展贸易往来的重要保障。

陆向经济腹地不断延伸。依托港口和铁路资源，初步形成以内陆港、合作场站、合作站点为依托的海铁联运内陆集疏运网络布局。2023年，辽宁沿海港口完成海铁联运量159万TEU。

内陆中欧班列运输常态化。目前已初步形成"235"物流网络，即以沈阳、大连两个主要发运节点，形成"通道并行、多点直达"的中欧班列集疏运网络体系，辐射20个国家、40多个城市。"十三五"期，中欧班列运输总体呈快速发展的态势，全省中欧班列开行数量由2016年的43列增长至2023年的780列，运量由几千标准箱增至8.6万标准箱。

（2）有力支撑东北老工业基地建设，是东北腹地对外贸易的首要窗口

辽宁沿海港口93%的货物是为东北地区服务的，东北地区产业所需的46%原油、48%铁矿石由港口承担，其他通过能源自产、管道等方式解决，港口成为区域经济与产业发展的必要支撑。东北经济长期以来以面向国内市场为主，是南北贸易的重要主体，辽宁沿海港口在支撑东北地区粮食、商品汽车、装备制造及其他工业产品的生产、流通、消费中发挥重要作用，目前辽宁沿海港口下水的粮食、成品油、钢铁约占东北三省总产量的30%、71%

和 49%。

辽宁沿海港口是东北地区的国际门户，承担了东北地区主要的对外物资运输，促进了腹地外向型经济的发展，支撑了东北老工业基地全面参与全球经济合作。目前辽宁沿海港口承担了东北地区 80% 以上外贸货物运输。

（3）临港产业较快发展成为东北地区产业布局优化调整的重要依托

2011 年，辽宁省人民政府发布了《关于进一步促进工业集群发展的若干意见》，旨在推进省内产业结构调整和布局优化，实现产业集约、集聚发展，促进工业化、城镇化良性互动。围绕沿海经济带，辽宁省规划了 42 个工业园区。多年来，依托园区发展，辽宁沿海地区初步形成了石化、船舶制造、装备制造和粮油加工等产业基地。其中，依托大连恒力、盘锦华锦、宝来等企业，形成了国内重要的石化和精细化工基地；依托大连船舶重工、盘锦渤船重工龙头企业，形成了船舶制造产业集群；以东风、奇瑞整车生产企业以及锦州万得集团等汽车零部件生产企业为代表，形成大连整车生产、锦州汽车零部件生产为代表的汽车产业集群；以及以一重集团等企业为龙头的重型装备集群。此外，辽宁沿海港口冶金和粮油加工业总体也呈现较好的发展态势。当前，辽宁沿海经济带规模以上工业企业数量、营业收入和利润总额分别占全省总量的 50%、52% 和 58%。

（4）在全国沿海重要货类运输系统中发挥重要作用

辽宁沿海港口群是全国七大沿海港口群之一，是东北地区及内蒙古东部对外运输的交通要塞，在我国南北沿海内循环运输和腹地对外贸易中发挥着重要作用。港口建设总体适应区域经济社会的发展需求，在国家外贸运输和能源安全系统中占据重要地位，是我国北粮南运的重要通道，也是冷链物流运输的重要基础。其中大连港是全国重要的集装箱干线港，大连港和营口港是我国外贸进口原油和铁矿石主要接卸港；大连港、营口港和锦州港是北粮南运主要装船港。大连港还是全国第四大商品汽车口岸、邮轮始发港和辽鲁滚装运输的重要通道。

第三节 辽宁省港口的腹地划分

1. 基于港口辐射力的腹地划分

根据第四章模型研究，本研究用"港口强度"代替港口的"质量"，用"城市实力"代替城市的"质量"，用阻抗函数代替距离的平方，则港口对城市的辐射力计算公式如下：

$$C_{ij} = E_{ij} \frac{Q_i S_j}{d_{ij}^2}$$

式中：

C_{ij} 为港口 i 对城市 j 的辐射力；

Q_i 为港口强度；

S_j 为城市实力；

E_{ij} 为港口 i 与城市 j 之间的社会经济联系系数；

d_{ij} 为港口 i 与城市 j 之间的距离。

公式中港口强度、城市实力等需要前文构建的港口辐射力指标体系确定数值，因此在研究辽宁省港口基于港口辐射力的腹地划分时需先进行指标权重计算。

（1）指标权重计算

本次指标权重按照层次分析法和熵权法结合确定的组合权重的步骤，指标权重见表 6-5 所示。

表6-5 各层级指标权重

一级指标	二级指标	层次分析权重	熵权法权重	组合权重	三级指标	层次分析权重	熵权法权重	组合权重
港口因素 a	自然条件 a_1	0.07	0.05	0.06	地理位置 a_{11}	0.57	0.63	0.60
					水深条件 a_{12}	0.14	0.10	0.12
					年作业天数 a_{13}	0.29	0.27	0.28
	基础设施 a_2	0.08	0.16	0.12	深水泊位数量 a_{21}	0.23	0.41	0.32
					码头总长度 a_{22}	0.45	0.25	0.35
					堆场面积 a_{23}	0.32	0.34	0.33
	港口经营规模 a_3	0.36	0.36	0.36	货物吞吐量 a_{31}	0.12	0.12	0.12
					集装箱吞吐量 a_{32}	0.28	0.24	0.26
					开辟航线数量 a_{33}	0.47	0.57	0.52
					港口费率 a_{34}	0.12	0.08	0.10
	港口经营效率 a_4	0.33	0.35	0.34	口岸环境 a_{41}	0.57	0.33	0.45
					装卸工时效率 a_{42}	0.14	0.34	0.24
					港口物流服务水平 a_{43}	0.29	0.33	0.31
	港口城市实力 a_5	0.16	0.08	0.12	城市GDP a_{11}	0.17	0.31	0.24
					城市工业产值 a_{12}	0.46	0.46	0.46
					城市外贸额 a_{13}	0.27	0.17	0.22
					城市常住人口 a_{14}	0.10	0.06	0.08

续表

一级指标	二级指标	层次分析权重	熵权法权重	组合权重	三级指标	层次分析权重	熵权法权重	组合权重
腹地因素 b	港口影响区域经济实力 b_1	0.65	0.55	0.60	区域 GDP b_{11}	0.50	0.46	0.48
					区域外贸额 b_{12}	0.30	0.24	0.27
					区域工业产值 b_{13}	0.20	0.3	0.25
	港口影响区域服务水平 b_2	0.35	0.45	0.40	区域的物流供应链服务功能、服务水平 b_{21}	0.50	0.50	0.50
					区域的商贸、金融、法律、信息等综合服务水平 b_{22}	0.50	0.50	0.50
港口与腹地的联系 c	港口与腹地的运输联系 c_1	0.3	0.6	0.45	与后方大通道的距离 c_{11}	0.12	0.12	0.12
					运输费用 c_{12}	0.47	0.49	0.48
					运输时间 c_{13}	0.28	0.32	0.30
					运输距离 c_{14}	0.12	0.08	0.10
	港口与腹地的社会经济联系 c_2	0.7	0.4	0.55	港口与腹地的行政区划 c_{21}	0.10	0.18	0.14
					港口与腹地的经济联系 c_{22}	0.21	0.23	0.22
					客户偏好 c_{23}	0.69	0.59	0.64

(2) 港口强度计算

港口强度 Q_i 是以港口辐射力指标体系中的港口因素进行评价，各指标权重为表 6-5 中二层指标权重与三层指标权重的乘积。由于数据量纲不同，首先对原始数据进行均值标准化处理，公式为 X/Mean，得到标准化数据，再进行港口强度计算，原始数据见表 6-6，处理后的数据见表 6-7。

表6-6　　　　　　　　　　港口强度原始数据

指标	大连	营口	锦州	丹东	葫芦岛	盘锦
地理位置 a_{11}	461.6	498.1	615.3	337	554.1	516.5
水深条件 a_{12}	17.8	14	16	9	9	14.5
年作业天数 a_{13}	355	270	280	320	300	295
深水泊位数量 a_{21}	6	3	5	5	0	1
码头总长度 a_{22}	148904	19709	14418	7000	31000	11700
堆场面积 a_{23}	74	40	40	66	26	21
货物吞吐量 a_{31}	3.66	2.38	1.13	0.56	0.42	0.57
集装箱吞吐量 a_{32}	879	548	65	71	9	40
开辟航线数量 a_{33}	5	8	3	1	0	2
港口费率 a_{34}	1810	1760	1450	1510	1480	1620
口岸环境 a_{41}	60	33	24	22	19	21
装卸工时效率 a_{42}	93.76	86	64.28	86	86	76
港口物流服务水平 a_{43}	8	7	7	7	5	6
城市 GDP a_{51}	7001.7	1328.2	1073	768	841.7	1383.2
城市工业产值 a_{52}	7188.2	2172	869.2	756.9	896.5	711
城市外贸额 a_{53}	4361.4	473.3	235.6	154.2	289.3	322
城市常住人口 a_{54}	700.7	243.1	293.4	238	243	138

表6-7　　　　　　　　　　港口强度处理后的数据

指标	权重	大连	营口	锦州	丹东	葫芦岛	盘锦
地理位置 a_{11}	0.036	0.929	1.002	1.238	0.678	1.115	1.039
水深条件 a_{12}	0.0072	1.330	1.046	1.196	0.672	0.672	1.083
年作业天数 a_{13}	0.0168	1.170	0.890	0.923	1.055	0.989	0.973
深水泊位数量 a_{21}	0.0384	1.800	0.900	1.500	1.500	0.000	0.300
码头总长度 a_{22}	0.042	3.839	0.508	0.372	0.180	0.799	0.302
堆场面积 a_{23}	0.0396	1.663	0.899	0.899	1.483	0.584	0.472
货物吞吐量 a_{31}	0.0432	2.518	1.638	0.778	0.385	0.289	0.392
集装箱吞吐量 a_{32}	0.0936	3.272	2.040	0.242	0.264	0.033	0.149

续表

指标	权重	大连	营口	锦州	丹东	葫芦岛	盘锦
开辟航线数量 a_{33}	0.1872	1.579	2.526	0.947	0.316	0.000	0.632
港口费率 a_{34}	0.036	1.128	1.097	0.903	0.941	0.922	1.009
口岸环境 a_{41}	0.153	2.011	1.106	0.804	0.737	0.637	0.704
装卸工时效率 a_{42}	0.0816	1.143	1.049	0.784	1.049	1.049	0.927
港口物流服务水平 a_{43}	0.1054	1.200	1.050	1.050	1.050	0.750	0.900
城市GDP a_{51}	0.0288	3.389	0.643	0.519	0.372	0.407	0.670
城市工业产值 a_{52}	0.0552	3.425	1.035	0.414	0.361	0.427	0.339
城市外贸额 a_{53}	0.0264	4.484	0.487	0.242	0.159	0.297	0.331
城市常住人口 a_{54}	0.0096	2.265	0.786	0.948	0.769	0.785	0.446
计算结果		2.064	1.386	0.795	0.657	0.480	0.619

（3）腹地城市实力的计算

城市实力 S_j 是以市级行政区为单位收集东北三省及内蒙古自治区东部三市一盟的城市实力数据并进行指标均值标准化处理，公式为 X/Mean。城市实力由区域 GDP、区域外贸额、区域工业产值、区域的物流服务水平及区域的商贸、金融、法律、信息等综合服务水平加权得到，计算结果如表6-8所示。

表6-8　　　　　　　　　　　腹地城市实力

	原始数据					处理后的数据					加权后计算出的城市实力
	b_{11}	b_{12}	b_{13}	b_{21}	b_{22}	b_{11}	b_{12}	b_{13}	b_{21}	b_{22}	
权重	0.288	0.162	0.15	0.2	0.2	0.288	0.162	0.15	0.2	0.2	
沈阳	6470	990	2160	63511	111563	4.657	4.204	4.707	4.388	3.280	4.262
大连	7002	3704	2327	56110	153950	5.039	15.733	5.071	3.877	4.526	6.441
鞍山	1745	275	706	12486	24123	1.256	1.166	1.539	0.863	0.709	1.096
抚顺	847	35	389	7620	13577	0.610	0.150	0.847	0.527	0.399	0.512
本溪	781	173	383	5682	25955	0.562	0.734	0.834	0.393	0.763	0.637
丹东	768	113	189	12323	14716	0.553	0.480	0.412	0.851	0.433	0.556
锦州	1073	137	268	8260	22833	0.772	0.582	0.585	0.571	0.671	0.653
营口	1328	453	584	23641	19724	0.956	1.924	1.273	1.634	0.580	1.221
阜新	488	16	130	3555	12162	0.351	0.070	0.283	0.246	0.358	0.275
辽阳	831	35	376	2881	12997	0.598	0.150	0.820	0.199	0.382	0.436

续表

	原始数据					处理后的数据					加权后计算出的城市实力
	b_{11}	b_{12}	b_{13}	b_{21}	b_{22}	b_{11}	b_{12}	b_{13}	b_{21}	b_{22}	
权重	0.288	0.162	0.15	0.2	0.2	0.288	0.162	0.15	0.2	0.2	
盘锦	1281	197	716	7588	16931	0.922	0.836	1.559	0.524	0.498	0.839
铁岭	640	31	177	3010	15161	0.461	0.133	0.386	0.208	0.446	0.343
朝阳	843	39	243	5069	14611	0.607	0.164	0.530	0.350	0.430	0.437
葫芦岛	807	95	260	5554	14591	0.581	0.402	0.566	0.384	0.429	0.480
长春	5904	1028	2758	69596	125966	4.249	4.365	6.010	4.809	3.703	4.535
吉林	1417	74	511	21131	38247	1.020	0.313	1.113	1.460	1.124	1.028
四平	796	5	103	10426	18871	0.573	0.020	0.223	0.720	0.555	0.457
通化	726	9	151	5141	9306	0.522	0.039	0.330	0.355	0.274	0.332
白山	510	10	131	10923	19771	0.367	0.044	0.284	0.755	0.581	0.423
辽源	410	19	121	8158	14766	0.295	0.080	0.264	0.564	0.434	0.337
白城	730	16	83	9115	19265	0.525	0.066	0.182	0.630	0.566	0.428
松原	492	11	138	10644	16498	0.354	0.048	0.300	0.735	0.485	0.399
延边	723	120	242	13781	24943	0.521	0.510	0.527	0.952	0.733	0.649
哈尔滨	5249	256	1145	46669	211323	3.778	1.087	2.494	3.225	6.213	3.526
齐齐哈尔	1129	52	269	7917	21727	0.812	0.221	0.586	0.547	0.639	0.595
鸡西	552	25	133	4665	16188	0.397	0.108	0.290	0.322	0.476	0.335
鹤岗	336	23	100	3985	16909	0.242	0.096	0.217	0.275	0.497	0.272
双鸭山	476	12	111	5079	11526	0.343	0.053	0.243	0.351	0.339	0.282
大庆	2568	751	1075	14011	39411	1.848	3.190	2.343	0.968	1.159	1.826
伊春	299	6	51	4236	7150	0.215	0.027	0.112	0.293	0.210	0.184
佳木斯	763	63	105	9759	30480	0.549	0.269	0.228	0.674	0.896	0.550
七台河	231	1	79	2305	9618	0.166	0.003	0.173	0.159	0.283	0.163
牡丹江	825	261	178	5112	41488	0.594	1.109	0.388	0.353	1.220	0.723
黑河	579	51	78	8921	21975	0.417	0.215	0.170	0.616	0.646	0.433
绥化	1101	35	130	9604	26198	0.792	0.150	0.284	0.664	0.770	0.582
大兴安岭	139	0	18	1593	3868	0.100	0.002	0.039	0.110	0.114	0.080
赤峰	1708	100	910	25460	41583	1.230	0.424	1.982	1.759	1.223	1.317
通辽	1267	33	370	5516	28259	0.912	0.142	0.806	0.381	0.831	0.649
呼伦贝尔	1193	161	327	45329	57214	0.859	0.683	0.712	3.132	1.682	1.428
兴安盟	548	2	133	2536	15102	0.394	0.009	0.289	0.175	0.444	0.282

（4）港口与腹地的社会经济联系系数

港口 i 与城市 j 之间的社会经济联系系数 E_{ij} 是收集各港口与城市社会联系原始数据并进行均值标准化处理得到，公式为 X/Mean。其中，根据权重表 6-5，港口与腹地行政区划权重为 0.14，港口与腹地的经济联系权重为 0.22，客户偏好权重为 0.64。

港口与腹地城市的社会联系系数的计算结果见表 6-9 至表 6-15 所示。

表6-9　　大连港与腹地城市的社会经济联系系数

城市	原始数据 c_{21}	原始数据 c_{22}	原始数据 c_{23}	处理后的数据 c_{21}	处理后的数据 c_{22}	处理后的数据 c_{23}	社会经济联系
权重	0.14	0.22	0.64	0.14	0.22	0.64	
沈阳	9	2.860	0.25	1.434	2.860	1.934	2.068
大连	10	3.121	0.26	1.594	3.121	2.012	2.197
鞍山	9	1.350	0.2	1.434	1.350	1.547	1.488
抚顺	8	1.028	0.16	1.275	1.028	1.238	1.197
本溪	8	1.014	0.1	1.275	1.014	0.774	0.897
丹东	8	1.031	0.2	1.275	1.031	1.547	1.396
锦州	8	1.101	0.1	1.275	1.101	0.774	0.916
营口	9	1.225	0.1	1.434	1.225	0.774	0.965
阜新	8	0.918	0.1	1.275	0.918	0.774	0.876
辽阳	9	1.048	0.15	1.434	1.048	1.161	1.174
盘锦	9	1.216	0.1	1.434	1.216	0.774	0.964
铁岭	8	0.955	0.1	1.275	0.955	0.774	0.884
朝阳	7	1.002	0.1	1.116	1.002	0.774	0.872
葫芦岛	8	1.003	0.1	1.275	1.003	0.774	0.894
长春	7	2.607	0.1	1.116	2.607	0.774	1.225
吉林	6	1.124	0.1	0.956	1.124	0.774	0.876
四平	8	0.979	0.2	1.275	0.979	1.547	1.384
通化	6	0.965	0.1	0.956	0.965	0.774	0.841
白山	7	0.881	0.1	1.116	0.881	0.774	0.845
辽源	7	0.835	0.1	1.116	0.835	0.774	0.835
白城	6	0.876	0.1	0.956	0.876	0.774	0.822
松原	6	0.819	0.2	0.956	0.819	1.547	1.304

续表

城市	原始数据			处理后的数据			社会经济联系
	c_{21}	c_{22}	c_{23}	c_{21}	c_{22}	c_{23}	
权重	0.14	0.22	0.64	0.14	0.22	0.64	
延边	6	0.872	0.2	0.956	0.872	1.547	1.316
哈尔滨	6	2.338	0.1	0.956	2.338	0.774	1.143
齐齐哈尔	5	0.955	0.15	0.797	0.955	1.161	1.065
鸡西	6	0.756	0.3	0.956	0.756	2.321	1.786
鹤岗	3	0.655	0.1	0.478	0.655	0.774	0.706
双鸭山	3	0.698	0.1	0.478	0.698	0.774	0.716
大庆	5	1.433	0.1	0.797	1.433	0.774	0.922
伊春	3	0.663	0.1	0.478	0.663	0.774	0.708
佳木斯	3	0.807	0.1	0.478	0.807	0.774	0.740
七台河	3	0.639	0.1	0.478	0.639	0.774	0.703
牡丹江	4	0.883	0.1	0.637	0.883	0.774	0.779
黑河	3	0.697	0.1	0.478	0.697	0.774	0.715
绥化	5	0.966	0.1	0.797	0.966	0.774	0.819
大兴安岭	3	0.559	0.1	0.478	0.559	0.774	0.685
赤峰	6	1.263	0.1	0.956	1.263	0.774	0.907
通辽	7	1.120	0.1	1.116	1.120	0.774	0.898
呼伦贝尔	3	0.890	0.1	0.478	0.890	0.774	0.758
兴安盟	6	0.817	0.1	0.956	0.817	0.774	0.809

表6-10　　营口港与腹地城市的社会经济联系系数

城市	原始数据			处理后的数据			社会经济联系
	c_{21}	c_{22}	c_{23}	c_{21}	c_{22}	c_{23}	
权重	0.14	0.22	0.64	0.14	0.22	0.64	
沈阳	9	2.730	0.15	1.246	2.730	0.771	1.269
大连	10	2.911	0.24	1.384	2.911	1.234	1.624
鞍山	9	1.220	0.15	1.246	1.220	0.771	0.936
抚顺	10	0.890	0.23	1.384	0.890	1.183	1.146
本溪	9	0.883	0.2	1.246	0.883	1.028	1.027
丹东	10	0.869	0.3	1.384	0.869	1.542	1.372
锦州	9	0.981	0.15	1.246	0.981	0.771	0.884
营口	10	1.108	0.3	1.384	1.108	1.542	1.425
阜新	9	0.789	0.2	1.246	0.789	1.028	1.006

续表

城市	原始数据 c_{21}	原始数据 c_{22}	原始数据 c_{23}	处理后的数据 c_{21}	处理后的数据 c_{22}	处理后的数据 c_{23}	社会经济联系
权重	**0.14**	**0.22**	**0.64**	**0.14**	**0.22**	**0.64**	
辽阳	9	0.916	0.15	1.246	0.916	0.771	0.869
盘锦	10	1.088	0.2	1.384	1.088	1.028	1.091
铁岭	10	0.822	0.3	1.384	0.822	1.542	1.362
朝阳	9	0.879	0.1	1.246	0.879	0.514	0.697
葫芦岛	8	0.882	0.1	1.107	0.882	0.514	0.678
长春	7	2.464	0.1	0.969	2.464	0.514	1.007
吉林	7	0.980	0.15	0.969	0.980	0.771	0.845
四平	8	0.838	0.16	1.107	0.838	0.823	0.866
通化	9	0.798	0.3	1.246	0.798	1.542	1.337
白山	8	0.711	0.2	1.107	0.711	1.028	0.970
辽源	8	0.683	0.2	1.107	0.683	1.028	0.963
白城	7	0.742	0.15	0.969	0.742	0.771	0.793
松原	7	0.674	0.15	0.969	0.674	0.771	0.778
延边	8	0.691	0.3	1.107	0.691	1.542	1.294
哈尔滨	6	2.165	0.1	0.830	2.165	0.514	0.922
齐齐哈尔	5	0.769	0.15	0.692	0.769	0.771	0.760
鸡西	5	0.577	0.2	0.692	0.577	1.028	0.882
鹤岗	4	0.466	0.15	0.554	0.466	0.771	0.674
双鸭山	5	0.538	0.2	0.692	0.538	1.028	0.873
大庆	6	1.293	0.15	0.830	1.293	0.771	0.894
伊春	4	0.492	0.15	0.554	0.492	0.771	0.679
佳木斯	5	0.625	0.2	0.692	0.625	1.028	0.892
七台河	5	0.450	0.3	0.692	0.450	1.542	1.183
牡丹江	6	0.698	0.3	0.830	0.698	1.542	1.257
黑河	5	0.515	0.4	0.692	0.515	2.057	1.526
绥化	7	0.817	0.4	0.969	0.817	2.057	1.632
大兴安岭	3	0.378	0.1	0.415	0.378	0.514	0.470
赤峰	8	1.113	0.15	1.107	1.113	0.771	0.894
通辽	7	0.976	0.1	0.969	0.976	0.514	0.679
呼伦贝尔	4	0.716	0.2	0.554	0.716	1.028	0.893
兴安盟	4	0.659	0.05	0.554	0.659	0.257	0.387

表6-11　　　　　锦州港与腹地城市的社会经济联系系数

城市	原始数据			处理后的数据			社会经济联系
	c_{21}	c_{22}	c_{23}	c_{21}	c_{22}	c_{23}	
权重	0.14	0.22	0.64	0.14	0.22	0.64	
沈阳	9	2.549	0.15	1.241	2.549	0.832	1.267
大连	8	2.668	0.1	1.103	2.668	0.555	1.096
鞍山	9	1.025	0.15	1.241	1.025	0.832	0.932
抚顺	9	0.709	0.18	1.241	0.709	0.999	0.969
本溪	9	0.690	0.17	1.241	0.690	0.943	0.929
丹东	8	0.659	0.1	1.103	0.659	0.555	0.655
锦州	10	0.851	0.2	1.379	0.851	1.110	1.090
营口	9	0.885	0.1	1.241	0.885	0.555	0.724
阜新	10	0.640	0.2	1.379	0.640	1.110	1.044
辽阳	9	0.722	0.1	1.241	0.722	0.555	0.688
盘锦	10	0.885	0.3	1.379	0.885	1.664	1.453
铁岭	9	0.644	0.15	1.241	0.644	0.832	0.848
朝阳	10	0.751	0.2	1.379	0.751	1.110	1.068
葫芦岛	10	0.767	0.1	1.379	0.767	0.555	0.717
长春	8	2.290	0.3	1.103	2.290	1.664	1.723
吉林	7	0.801	0.15	0.966	0.801	0.832	0.844
四平	8	0.665	0.16	1.103	0.665	0.888	0.869
通化	7	0.620	0.1	0.966	0.620	0.555	0.627
白山	7	0.534	0.1	0.966	0.534	0.555	0.608
辽源	8	0.519	0.2	1.103	0.519	1.110	0.979
白城	7	0.554	0.15	0.966	0.554	0.832	0.790
松原	7	0.493	0.15	0.966	0.493	0.832	0.776
延边	7	0.520	0.2	0.966	0.520	1.110	0.960
哈尔滨	7	2.016	0.3	0.966	2.016	1.664	1.644
齐齐哈尔	6	0.651	0.2	0.828	0.651	1.110	0.969
鸡西	4	0.400	0.1	0.552	0.400	0.555	0.520
鹤岗	4	0.317	0.15	0.552	0.317	0.832	0.680
双鸭山	5	0.360	0.2	0.690	0.360	1.110	0.886
大庆	6	1.136	0.15	0.828	1.136	0.832	0.898
伊春	4	0.327	0.2	0.552	0.327	1.110	0.859

续表

城市	原始数据 c_{21}	原始数据 c_{22}	原始数据 c_{23}	处理后的数据 c_{21}	处理后的数据 c_{22}	处理后的数据 c_{23}	社会经济联系
权重	**0.14**	**0.22**	**0.64**	**0.14**	**0.22**	**0.64**	
佳木斯	4	0.470	0.15	0.552	0.470	0.832	0.713
七台河	4	0.287	0.1	0.552	0.287	0.555	0.495
牡丹江	5	0.531	0.1	0.690	0.531	0.555	0.568
黑河	3	0.343	0.05	0.414	0.343	0.277	0.311
绥化	6	0.643	0.2	0.828	0.643	1.110	0.968
大兴安岭	5	0.221	0.3	0.690	0.221	1.664	1.210
赤峰	9	0.994	0.3	1.241	0.994	1.664	1.458
通辽	9	0.818	0.3	1.241	0.818	1.664	1.419
呼伦贝尔	6	0.579	0.3	0.828	0.579	1.664	1.308
兴安盟	8	0.501	0.4	1.103	0.501	2.219	1.685

表6-12　　　　丹东港与腹地城市的社会经济联系系数

城市	原始数据 c_{21}	原始数据 c_{22}	原始数据 c_{23}	处理后的数据 c_{21}	处理后的数据 c_{22}	处理后的数据 c_{23}	社会经济联系
权重	**0.14**	**0.22**	**0.64**	**0.14**	**0.22**	**0.64**	
沈阳	9	2.461	0.15	1.348	2.461	1.124	1.449
大连	8	2.630	0.1	1.199	2.630	0.749	1.226
鞍山	9	0.935	0.15	1.348	0.935	1.124	1.114
抚顺	9	0.628	0.15	1.348	0.628	1.124	1.046
本溪	10	0.639	0.23	1.498	0.639	1.723	1.453
丹东	9	0.676	0.2	1.348	0.676	1.498	1.296
锦州	8	0.692	0.15	1.199	0.692	1.124	1.039
营口	9	0.800	0.1	1.348	0.800	0.749	0.844
阜新	8	0.480	0.1	1.199	0.480	0.749	0.753
辽阳	9	0.643	0.1	1.348	0.643	0.749	0.810
盘锦	9	0.781	0.1	1.348	0.781	0.749	0.840
铁岭	9	0.555	0.15	1.348	0.555	1.124	1.030
朝阳	7	0.556	0.2	1.049	0.556	1.498	1.228
葫芦岛	7	0.594	0.1	1.049	0.594	0.749	0.757
长春	8	2.202	0.1	1.199	2.202	0.749	1.132
吉林	7	0.753	0.15	1.049	0.753	1.124	1.032
四平	8	0.576	0.16	1.199	0.576	1.199	1.062

续表

城市	原始数据			处理后的数据			社会经济联系
	c_{21}	c_{22}	c_{23}	c_{21}	c_{22}	c_{23}	
权重	0.14	0.22	0.64	0.14	0.22	0.64	
通化	7	0.596	0.1	1.049	0.596	0.749	0.757
白山	9	0.505	0.2	1.348	0.505	1.498	1.259
辽源	8	0.453	0.2	1.199	0.453	1.498	1.226
白城	6	0.484	0.15	0.899	0.484	1.124	0.951
松原	7	0.412	0.2	1.049	0.412	1.498	1.196
延边	7	0.496	0.1	1.049	0.496	0.749	0.735
哈尔滨	6	1.929	0.1	0.899	1.929	0.749	1.030
齐齐哈尔	4	0.554	0.1	0.599	0.554	0.749	0.685
鸡西	4	0.373	0.1	0.599	0.373	0.749	0.645
鹤岗	3	0.243	0.1	0.449	0.243	0.749	0.596
双鸭山	3	0.288	0.1	0.449	0.288	0.749	0.606
大庆	6	1.047	0.15	0.899	1.047	1.124	1.075
伊春	4	0.249	0.15	0.599	0.249	1.124	0.858
佳木斯	4	0.398	0.15	0.599	0.398	1.124	0.891
七台河	5	0.254	0.2	0.749	0.254	1.498	1.120
牡丹江	5	0.503	0.1	0.749	0.503	0.749	0.695
黑河	3	0.278	0.05	0.449	0.278	0.375	0.364
绥化	6	0.554	0.1	0.899	0.554	0.749	0.727
大兴安岭	4	0.133	0.2	0.599	0.133	1.498	1.072
赤峰	6	0.836	0.05	0.899	0.836	0.375	0.549
通辽	8	0.697	0.15	1.199	0.697	1.124	1.040
呼伦贝尔	3	0.463	0.1	0.449	0.463	0.749	0.644
兴安盟	6	0.402	0.1	0.899	0.402	0.749	0.694

表6-13　　葫芦岛港与腹地城市的社会经济联系系数

城市	原始数据			处理后的数据			社会经济联系
	c_{21}	c_{22}	c_{23}	c_{21}	c_{22}	c_{23}	
权重	0.14	0.22	0.64	0.14	0.22	0.64	
沈阳	9	2.439	0.15	1.229	2.439	0.889	1.277
大连	9	2.579	0.15	1.229	2.579	0.889	1.308
鞍山	9	0.921	0.15	1.229	0.921	0.889	0.944

续表

城市	原始数据 c_{21}	原始数据 c_{22}	原始数据 c_{23}	处理后的数据 c_{21}	处理后的数据 c_{22}	处理后的数据 c_{23}	社会经济联系
权重	0.14	0.22	0.64	0.14	0.22	0.64	
抚顺	9	0.592	0.15	1.229	0.592	0.889	0.871
本溪	9	0.591	0.14	1.229	0.591	0.830	0.833
丹东	8	0.557	0.1	1.092	0.557	0.593	0.655
锦州	10	0.746	0.2	1.365	0.746	1.185	1.114
营口	10	0.796	0.2	1.365	0.796	1.185	1.125
阜新	10	0.525	0.2	1.365	0.525	1.185	1.065
辽阳	9	0.618	0.2	1.229	0.618	1.185	1.066
盘锦	10	0.785	0.15	1.365	0.785	0.889	0.933
铁岭	9	0.537	0.15	1.229	0.537	0.889	0.859
朝阳	10	0.652	0.2	1.365	0.652	1.185	1.093
葫芦岛	10	0.669	0.3	1.365	0.669	1.778	1.476
长春	8	2.183	0.2	1.092	2.183	1.185	1.392
吉林	7	0.702	0.15	0.956	0.702	0.889	0.857
四平	8	0.557	0.16	1.092	0.557	0.948	0.882
通化	8	0.515	0.2	1.092	0.515	1.185	1.025
白山	8	0.431	0.2	1.092	0.431	1.185	1.006
辽源	8	0.423	0.15	1.092	0.423	0.889	0.815
白城	9	0.467	0.2	1.229	0.467	1.185	1.033
松原	7	0.404	0.15	0.956	0.404	0.889	0.791
延边	6	0.419	0.1	0.819	0.419	0.593	0.586
哈尔滨	6	1.905	0.1	0.819	1.905	0.593	0.913
齐齐哈尔	6	0.536	0.2	0.819	0.536	1.185	0.991
鸡西	5	0.292	0.15	0.683	0.292	0.889	0.729
鹤岗	4	0.208	0.2	0.546	0.208	1.185	0.881
双鸭山	5	0.252	0.2	0.683	0.252	1.185	0.909
大庆	6	1.031	0.15	0.819	1.031	0.889	0.910
伊春	5	0.220	0.2	0.683	0.220	1.185	0.902
佳木斯	5	0.364	0.2	0.683	0.364	1.185	0.934
七台河	4	0.179	0.15	0.546	0.179	0.889	0.685
牡丹江	5	0.423	0.1	0.683	0.423	0.593	0.568
黑河	4	0.245	0.2	0.546	0.245	1.185	0.889
绥化	6	0.534	0.1	0.819	0.534	0.593	0.611

续表

城市	原始数据 c_{21}	c_{22}	c_{23}	处理后的数据 c_{21}	c_{22}	c_{23}	社会经济联系
权重	0.14	0.22	0.64	0.14	0.22	0.64	
大兴安岭	4	0.118	0.15	0.546	0.118	0.889	0.671
赤峰	9	0.891	0.2	1.229	0.891	1.185	1.127
通辽	8	0.713	0.15	1.092	0.713	0.889	0.879
呼伦贝尔	4	0.470	0.15	0.546	0.470	0.889	0.749
兴安盟	7	0.395	0.2	0.956	0.395	1.185	0.979

表6-14　　盘锦港与腹地城市的社会经济联系系数

城市	原始数据 c_{21}	c_{22}	c_{23}	处理后的数据 c_{21}	c_{22}	c_{23}	社会经济联系
权重	0.14	0.22	0.64	0.14	0.22	0.64	
沈阳	9	2.474	0.15	1.204	2.474	0.788	1.217
大连	9	2.636	0.15	1.204	2.636	0.788	1.253
鞍山	10	0.964	0.2	1.338	0.964	1.051	1.072
抚顺	9	0.640	0.14	1.204	0.640	0.736	0.780
本溪	9	0.631	0.16	1.204	0.631	0.841	0.846
丹东	9	0.606	0.1	1.204	0.606	0.526	0.638
锦州	10	0.742	0.2	1.338	0.742	1.051	1.023
营口	10	0.854	0.2	1.338	0.854	1.051	1.048
阜新	10	0.544	0.2	1.338	0.544	1.051	0.980
辽阳	10	0.660	0.3	1.338	0.660	1.577	1.342
盘锦	10	0.843	0.15	1.338	0.843	0.788	0.877
铁岭	9	0.567	0.15	1.204	0.567	0.788	0.798
朝阳	9	0.644	0.2	1.204	0.644	1.051	0.983
葫芦岛	10	0.644	0.3	1.338	0.644	1.577	1.338
长春	8	2.213	0.2	1.070	2.213	1.051	1.309
吉林	8	0.732	0.3	1.070	0.732	1.577	1.320
四平	8	0.584	0.16	1.070	0.584	0.841	0.816
通化	8	0.545	0.2	1.070	0.545	1.051	0.943
白山	8	0.460	0.2	1.070	0.460	1.051	0.924
辽源	8	0.452	0.15	1.070	0.452	0.788	0.754
白城	7	0.492	0.1	0.936	0.492	0.526	0.576

续表

城市	原始数据 c_{21}	c_{22}	c_{23}	处理后的数据 c_{21}	c_{22}	c_{23}	社会经济联系
权重	0.14	0.22	0.64	0.14	0.22	0.64	
松原	7	0.430	0.15	0.936	0.430	0.788	0.730
延边	6	0.442	0.1	0.803	0.442	0.526	0.546
哈尔滨	7	1.934	0.3	0.936	1.934	1.577	1.566
齐齐哈尔	6	0.567	0.2	0.803	0.567	1.051	0.910
鸡西	5	0.318	0.15	0.669	0.318	0.788	0.668
鹤岗	5	0.233	0.3	0.669	0.233	1.577	1.154
双鸭山	5	0.278	0.2	0.669	0.278	1.051	0.828
大庆	7	1.057	0.3	0.936	1.057	1.577	1.373
伊春	5	0.239	0.2	0.669	0.239	1.051	0.819
佳木斯	5	0.389	0.2	0.669	0.389	1.051	0.852
七台河	5	0.204	0.15	0.669	0.204	0.788	0.643
牡丹江	6	0.452	0.3	0.803	0.452	1.577	1.221
黑河	4	0.266	0.2	0.535	0.266	1.051	0.806
绥化	6	0.557	0.1	0.803	0.557	0.526	0.571
大兴安岭	4	0.132	0.15	0.535	0.132	0.788	0.609
赤峰	9	0.883	0.2	1.204	0.883	1.051	1.036
通辽	8	0.734	0.2	1.070	0.734	1.051	0.984
呼伦贝尔	4	0.491	0.15	0.535	0.491	0.788	0.687
兴安盟	7	0.413	0.15	0.936	0.413	0.788	0.727

表6-15　港口与腹地城市的社会经济联系系数

城市	大连港	营口港	锦州港	丹东港	葫芦岛港	盘锦港
沈阳	2.068	1.269	1.267	1.449	1.277	1.217
大连	2.197	1.624	1.096	1.226	1.308	1.253
鞍山	1.488	0.936	0.932	1.114	0.944	1.072
抚顺	1.197	1.146	0.969	1.046	0.871	0.780
本溪	0.897	1.027	0.929	1.453	0.833	0.846
丹东	1.396	1.372	0.655	1.296	0.655	0.638
锦州	0.916	0.884	1.090	1.039	1.114	1.023
营口	0.965	1.425	0.724	0.844	1.125	1.048
阜新	0.876	1.006	1.044	0.753	1.065	0.980

续表

城市	大连港	营口港	锦州港	丹东港	葫芦岛港	盘锦港
辽阳	1.174	0.869	0.688	0.810	1.066	1.342
盘锦	0.964	1.091	1.453	0.840	0.933	0.877
铁岭	0.884	1.362	0.848	1.030	0.859	0.798
朝阳	0.872	0.697	1.068	1.228	1.093	0.983
葫芦岛	0.894	0.678	0.717	0.757	1.476	1.338
长春	1.225	1.007	1.723	1.132	1.392	1.309
吉林	0.876	0.845	0.844	1.032	0.857	1.320
四平	1.384	0.866	0.869	1.062	0.882	0.816
通化	0.841	1.337	0.627	0.757	1.025	0.943
白山	0.845	0.970	0.608	1.259	1.006	0.924
辽源	0.835	0.963	0.979	1.226	0.815	0.754
白城	0.822	0.793	0.790	0.951	1.033	0.576
松原	1.304	0.778	0.776	1.196	0.791	0.730
延边	1.316	1.294	0.960	0.735	0.586	0.546
哈尔滨	1.143	0.922	1.644	1.030	0.913	1.566
齐齐哈尔	1.065	0.760	0.969	0.685	0.991	0.910
鸡西	1.786	0.882	0.520	0.645	0.729	0.668
鹤岗	0.706	0.674	0.680	0.596	0.881	1.154
双鸭山	0.716	0.873	0.886	0.606	0.909	0.828
大庆	0.922	0.894	0.898	1.075	0.910	1.373
伊春	0.708	0.679	0.859	0.858	0.902	0.819
佳木斯	0.740	0.892	0.713	0.891	0.934	0.852
七台河	0.703	1.183	0.495	1.120	0.685	0.643
牡丹江	0.779	1.257	0.568	0.695	0.568	1.221
黑河	0.715	1.526	0.311	0.364	0.889	0.806
绥化	0.819	1.632	0.968	0.727	0.611	0.571
大兴安岭	0.685	0.470	1.210	1.072	0.671	0.609
赤峰	0.907	0.894	1.458	0.549	1.127	1.036
通辽	0.898	0.679	1.419	1.040	0.879	0.984
呼伦贝尔	0.758	0.893	1.308	0.644	0.749	0.687
兴安盟	0.809	0.387	1.685	0.694	0.979	0.727

（5）港口对腹地城市的影响力的计算

根据港口对腹地城市的影响力公式 $C_{ij} = E_{ij} \dfrac{Q_i S_j}{d_{ij}^2}$，通过计算得到大连港、营口港、锦州港、丹东港、葫芦岛港、盘锦港对东北三省及内蒙古自治区东部的三市一盟的影响力，如表6-16所示。

表6-16　　　　　　　　　　港口对城市的影响力

城市	大连港	营口港	锦州港	丹东港	葫芦岛港	盘锦港
沈阳	71.71	67.47	32.36	23.42	14.90	26.89
大连	558656.83	182.24	11.65	27.69	10.78	29.83
鞍山	22.05	30.52	7.68	5.33	4.23	15.93
抚顺	3.99	4.21	1.69	1.48	0.65	1.37
本溪	4.40	7.15	2.17	7.23	1.27	2.80
丹东	8.37	6.15	0.69	73.86	0.42	0.97
锦州	3.31	7.01	191.43	0.39	47.28	7.16
营口	18.73	364.44	5.38	1.16	8.00	251.39
阜新	1.54	3.07	6.31	0.08	1.80	1.92
辽阳	5.03	7.79	1.72	0.45	1.42	5.21
盘锦	16.25	112.23	13.43	0.71	5.43	525.39
铁岭	1.52	3.23	1.00	0.22	0.54	0.80
朝阳	1.38	1.73	7.73	0.11	5.19	1.74
葫芦岛	1.92	2.71	158.16	0.17	414.42	3.97
长春	12.36	9.76	8.55	1.15	3.93	5.30
吉林	1.43	1.24	0.59	0.25	0.38	0.83
四平	2.02	1.31	0.71	0.17	0.39	0.51
通化	1.02	1.11	0.25	0.22	0.24	0.33
白山	1.05	0.81	0.25	0.28	0.25	0.32
辽源	0.69	0.67	0.41	0.15	0.23	0.31
白城	0.44	0.41	0.18	0.05	0.17	0.12
松原	0.79	0.41	0.19	0.07	0.14	0.17
延边	1.04	0.63	0.24	0.07	0.09	0.11
哈尔滨	4.91	2.62	2.97	0.40	0.93	2.20
齐齐哈尔	0.52	0.23	0.22	0.03	0.13	0.16
鸡西	0.44	0.14	0.04	0.02	0.03	0.04
鹤岗	0.12	0.07	0.04	0.01	0.03	0.05
双鸭山	0.12	0.11	0.05	0.01	0.03	0.04
大庆	1.50	1.27	0.75	0.19	0.46	0.92

续表

城市	大连港	营口港	锦州港	丹东港	葫芦岛港	盘锦港
伊春	0.09	0.06	0.04	0.01	0.02	0.03
佳木斯	0.27	0.21	0.09	0.03	0.07	0.09
七台河	0.08	0.08	0.02	0.01	0.01	0.02
牡丹江	0.56	0.55	0.13	0.06	0.08	0.23
黑河	0.15	0.21	0.02	0.01	0.04	0.04
绥化	0.45	0.74	0.22	0.04	0.08	0.10
大兴安岭	0.03	0.01	0.02	0.00	0.01	0.01
赤峰	3.26	2.82	7.50	0.15	3.34	2.01
通辽	1.59	1.15	1.65	0.14	0.59	0.84
呼伦贝尔	0.50	0.40	0.36	0.03	0.12	0.14
兴安盟	0.28	0.10	0.26	0.02	0.09	0.08

将表6-16中的影响力分港口进行排序，并对数据进行可视化处理，绘制各港口腹地的热力图，得到如下结论。

①大连港对大连市的影响力在100以上，对紧邻的赤峰市、通辽市、朝阳市、葫芦岛市、锦州市、盘锦市、阜新市、沈阳市、辽阳市、鞍山市、营口市、抚顺市、本溪市、丹东市、四平市、铁岭市、通化市、白山市、长春市、吉林市、延边朝鲜族自治州、大庆市及哈尔滨市的影响力在1~100之间，大兴安岭地区、伊春市及七台河市认为不属于大连港的腹地，其余城市属于大连港的腹地且影响力在0.1~1之间，其中辽源市虽距大连港不远，但因辽源市的城市实力不强，影响力也划分在了0.1~1区间内。

②营口港对盘锦市、营口市及大连市的影响力在100以上，其对紧邻的赤峰市、朝阳市、葫芦岛市、锦州市、阜新市、通辽市、沈阳市、辽阳市、鞍山市、丹东市、抚顺市、本溪市、四平市、铁岭市、长春市、吉林市、大庆市及哈尔滨市的影响力在1~100之间。大兴安岭地区、伊春市、鹤岗市及七台河市认为不属于营口港的腹地，其余城市属于营口港的腹地且影响力在0.1~1之间，其中辽源市虽距营口港不远，但因辽源市的城市实力不强，影响力也划分在了0.1~1区间内。

③锦州港对锦州市及葫芦岛市的影响力在100以上，其对紧邻的赤峰市、

朝阳市、阜新市、通辽市、沈阳市、辽阳市、盘锦市、鞍山市、营口市、抚顺市、本溪市、铁岭市及大连市的影响力在 1~100 之间，长春市及哈尔滨市虽距锦州港稍远，但因腹地实力等因素也划分在了影响力 1~100 区间。大兴安岭地区、黑河市、伊春市、鹤岗市、佳木斯市、双鸭山市、七台河市及鸡西市认为不属于锦州港的腹地，其余城市属于锦州港的腹地且影响力在 0.1~1 之间。

④丹东港对丹东市、大连市、营口市、鞍山市、沈阳市、抚顺市及本溪市的影响力在 1~100 之间，长春市虽距丹东港稍远，但因腹地实力等因素也划分在了影响力 1~100 区间。其对赤峰市、通辽市、朝阳市、葫芦岛市、锦州市、盘锦市、辽阳市、四平市、铁岭市、辽源市、通化市、白山市、吉林市、大庆市及哈尔滨市的影响力在 0.1~1 之间，其余城市不属于丹东港的腹地。

⑤葫芦港对葫芦岛市的影响力在 100 以上，其对紧邻的赤峰市、朝阳市、锦州市、阜新市、沈阳市、盘锦市、辽阳市、鞍山市、营口市、大连市及本溪市的影响力在 1~100 之间，长春市虽距葫芦岛港稍远，但因腹地实力等因素也划分在了影响力 1~100 区间。大兴安岭地区、黑河市、绥化市、伊春市、鹤岗市、佳木斯市、双鸭山市、七台河市、牡丹江市及鸡西市认为不属于葫芦岛港的腹地，其余城市属于葫芦岛港的腹地且影响力在 0.1~1 之间。

⑥盘锦港对盘锦市及营口市的影响力在 100 以上，其对紧邻的赤峰市、朝阳市、葫芦岛市、锦州市、阜新市、沈阳市、辽阳市、鞍山市、抚顺市、本溪市及大连市的影响力在 1~100 之间，长春市及哈尔滨市虽距盘锦港稍远，但因腹地实力等因素也划分在了影响力 1~100 区间。兴安盟、大兴安岭地区、黑河市、伊春市、鹤岗市、佳木斯市、双鸭山市、七台河市及鸡西市认为不属于盘锦港的腹地，其余城市属于盘锦港的腹地且影响力在 0.1~1 之间。

表 6-16 中港口对城市的影响力跨度较大，从 0.01 到 558656.83，不利于分析。若对于某一城市，所有港口对其的影响力均小于 0.1，则本研究认为它暂且不属于任一港口的腹地。此外，本研究借用 SPSS 软件采用 K 均值聚类法

对影响力数值进行聚类，对于某一城市，若影响力最大的一类中仅有一个数值，则为单纯腹地，若影响力最大的一类中不只有一个数值，则为混合腹地得到表6-17的结果。

表6-17　　　　　　　　港口对城市的影响力聚类分析

	大连港	营口港	锦州港	丹东港	葫芦岛港	盘锦港	
沈阳	71.71	67.47	32.36	23.42	14.90	26.89	大连港
大连	558656.83	182.24	11.65	27.69	10.78	29.83	大连港
鞍山	22.05	30.52	7.68	5.33	4.23	15.93	营口港
抚顺	3.99	4.21	1.69	1.48	0.65	1.37	营口港
本溪	4.40	7.15	2.17	7.23	1.27	2.80	丹东港
丹东	8.37	6.15	0.69	73.86	0.42	0.97	丹东港
锦州	3.31	7.01	191.43	0.39	47.28	7.16	锦州港
营口	18.73	364.44	5.38	1.16	8.00	251.39	营口港
阜新	1.54	3.07	6.31	0.08	1.80	1.92	锦州港
辽阳	5.03	7.79	1.72	0.45	1.42	5.21	营口港
盘锦	16.25	112.23	13.43	0.69	5.43	525.39	盘锦港
铁岭	1.52	3.23	1.00	0.21	0.54	0.80	营口港
朝阳	1.38	1.73	7.73	0.10	5.19	1.74	锦州港
葫芦岛	1.92	2.71	158.16	0.15	414.42	3.97	葫芦岛港
长春	12.36	9.76	8.55	1.02	3.93	5.30	大连港
吉林	1.43	1.24	0.59	0.22	0.38	0.83	大连港
四平	2.02	1.31	0.71	0.15	0.39	0.51	大连港
通化	1.02	1.11	0.25	0.18	0.24	0.33	营口港
白山	1.05	0.81	0.25	0.23	0.25	0.32	大连港
辽源	0.69	0.67	0.41	0.12	0.23	0.31	大连、营口
白城	0.44	0.41	0.18	0.04	0.17	0.12	大连、营口
松原	0.79	0.41	0.19	0.05	0.14	0.17	大连港
延边	1.04	0.63	0.24	0.06	0.09	0.11	大连港
哈尔滨	4.91	2.62	2.97	0.30	0.93	2.20	大连港
齐齐哈尔	0.52	0.23	0.22	0.02	0.13	0.16	大连港
鸡西	0.44	0.14	0.04	0.01	0.03	0.04	大连港

续表

	大连港	营口港	锦州港	丹东港	葫芦岛港	盘锦港	
鹤岗	0.12	0.07	0.04	0.01	0.03	0.05	大连港
双鸭山	0.12	0.11	0.05	0.01	0.03	0.04	大连、营口
大庆	1.50	1.27	0.75	0.13	0.46	0.92	大连港
伊春	0.09	0.06	0.04	0.01	0.02	0.03	无
佳木斯	0.27	0.21	0.09	0.02	0.07	0.09	大连、营口
七台河	0.08	0.08	0.02	0.01	0.01	0.02	无
牡丹江	0.56	0.55	0.13	0.04	0.08	0.23	大连、营口
黑河	0.15	0.21	0.02	0.00	0.04	0.04	营口港
绥化	0.45	0.74	0.22	0.02	0.08	0.10	营口港
大兴安岭	0.03	0.01	0.02	0.00	0.01	0.01	无
赤峰	3.26	2.82	7.50	0.08	3.34	2.01	锦州港
通辽	1.59	1.15	1.65	0.08	0.59	0.84	大连、锦州
呼伦贝尔	0.50	0.40	0.36	0.02	0.12	0.14	大连港
兴安盟	0.28	0.10	0.26	0.01	0.09	0.08	大连、锦州

由表 6-17 的聚类结果进行分析，得知大兴安岭地区、伊春市、七台河不属于六个港口的腹地，兴安盟、白城市、通辽市、辽源市、牡丹江市、双鸭山市及佳木斯市为混合腹地，其余城市为对应港口的腹地。

2.基于市场份额的混合腹地划分

运用 logit 模型对上一步骤中划分出来的混合腹地及为划分腹地范围进行细分，确定各港口在混合腹地的货物市场份额。本阶段将港口选择和运输方式的选择作为一种运输方式组合，确定分担率，进而对混合腹地的货物市场份额划分。

（1）原始数据

本阶段研究对象主要是上一阶段划分出来的混合腹地的货物市场份额。收集到可用于市场份额研究的混合腹地的原始数据如表 6-18 所示。

表6-18 原始数据

		通辽	双鸭山	牡丹江	大兴安岭	兴安盟	辽源	七台河	伊春	白城	佳木斯
散货运输费用	公路	大连港	36373.6	84478.8	65041.2	92534.19	58505.93	41554.1	79121	78560.3	52955	90521.9
		营口港	29031.8	70965.93	60057.2	82609.8	48407.1	32676.35	72828.7	68280.8	42550.9	72342.76
		锦州港	23916.8	75694.5	61490.1	83108.2	46538.1	31150	74261.6	69713.7	43173.9	80117.8
		丹东港	36943.9	75445.3	49777.7	86783.9	52581.2	28658.0	63919.8	70648.2	46911.9	83045.9
		葫芦岛港	26726.7	76504.4	62362.3	82348.1	47348.0	46488.3	74803.6	70330.5	44731.4	71775.8
		盘锦港	26116.2	73919.0	59234.8	82591.1	47136.2	47136.2	72473.6	69452.0	41180.3	69464.5
	铁路	大连港	3349.3	6446	5534.9	14350	9856	3183.7	6400.9	5967.9	52955	14062.6
		营口港	3397.5	12823.6	6076.8	15663	13450	2525.9	5749.1	5316.1	42550.9	12213.4
		锦州港	2005.6	6032	5115	10324	7610	2763.8	5987	5554	43173.9	12735.7
		丹东港	3064.2	13521.1	5249.8	13568	8456	2808	6115.8	5682.8	46911.9	12911.1
		葫芦岛港	2389.7	13521.1	5305.2	13596	7324	2953.8	6171.1	5738.1	44731.4	5925.3
		盘锦港	2078.2	12843.5	4916.3	14052	7961	2565	7170.8	5349.2	41180.3	12233.5
集装箱	铁路	大连港	12068.32	30184.56	23239.44	33062.778	21242.442	14847.42	28270.2	28069.86	18921	32343.78
		营口港	12373.16	25356.366	21458.64	29516.76	17575.74	11675.37	26021.94	24396.96	15203.58	25848.312
		锦州港	9060.16	27045.9	21970.62	29694.84	16897.14	11130	26533.92	24908.94	15426.18	28626.36
		丹东港	13200.18	26956.86	17785.74	31008.18	19091.28	10239.6	22838.76	25242.84	16761.78	29672.58
		葫芦岛港	9549.54	27335.28	22282.26	29423.268	17191.2	16610.412	26727.582	25129.314	15982.68	25645.746
		盘锦港	9331.392	26411.49	21164.808	33062.778	17114.292	16841.916	25895.058	24815.448	14713.86	24819.9

续表

		通辽	双鸭山	牡丹江	大兴安岭	兴安盟	辽源	七台河	伊春	白城	佳木斯
运输时间	公路	大连港	6.7	14.3	11.0	15.6	9.9	7.0	13.4	13.3	8.9	15.0
		营口港	6.2	12.0	10.1	14.0	8.2	5.5	12.3	11.5	7.2	12.2
		锦州港	4.4	12.8	10.4	14.0	7.9	5.3	12.5	11.8	7.3	13.5
		丹东港	6.2	12.7	8.4	14.7	8.9	4.8	10.8	11.9	7.9	14.0
		葫芦岛港	4.5	12.9	10.5	13.9	8.0	7.9	12.6	11.9	7.6	12.0
		盘锦港	4.4	12.5	10.0	14.0	8.0	8.0	12.2	11.7	7.0	11.7
	铁路	大连港	6.3	13.6	10.4	14.9	9.4	6.7	12.7	12.6	8.9	10.0
		营口港	4.7	11.4	9.6	13.3	7.8	5.2	11.7	11.0	7.2	8.2
		锦州港	4.2	12.2	9.9	13.3	7.5	5.0	11.9	11.2	7.3	9.2
		丹东港	5.9	12.1	8.0	13.9	8.4	4.6	10.3	11.3	7.9	9.5
		葫芦岛港	4.3	12.3	10.0	13.2	7.6	7.5	12.0	11.3	7.6	8.2
		盘锦港	4.2	11.9	9.5	13.3	7.6	7.6	11.6	11.1	7.0	7.9
运输距离		大连港	632	1356	1044	1485.3	939.1	667	1270	1261	850	1453
		营口港	466	1139.1	964	1326	777	524.5	1169	1096	683	1161.2
		锦州港	416	1215	987	1334	747	500	1192	1119	693	1286
		丹东港	593	1211	799	1393	844	460	1026	1134	753	1333
		葫芦岛港	429	1228	1001	1321.8	760	746.2	1200.7	1128.9	718	1152.1
		盘锦港	419.2	1356	950.8	1325.7	756.6	756.6	1163.3	1114.8	661	1115
与后方运输大通道的距离		大连港	9.5	9.5	9.5	9.5	9.5	9.5	9.5	9.5	9.5	9.5
		营口港	21.2	21.2	21.2	21.2	21.2	21.2	21.2	21.2	21.2	21.2
		锦州港	129.4	129.4	129.4	129.4	129.4	129.4	129.4	129.4	129.4	129.4
		丹东港	154	154	154	154	154	154	154	154	154	154
		葫芦岛港	128	128	128	128	128	128	128	128	128	128
		盘锦港	52	52	52	52	52	52	52	52	52	52

（2）数据处理

本研究此阶段将港口选择和运输方式的选择作为一种运输方式组合。在运输方式方面，考虑了陆路运输的公路和铁路两大类。可以抽象为如图 6-7 的几种运输方式。

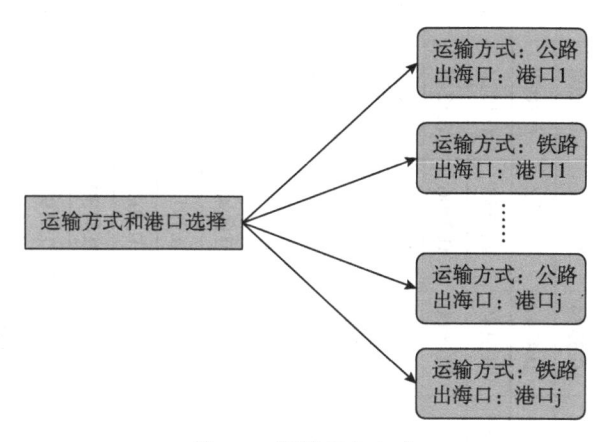

图 6-7　运输组合方式

由于数据量纲不同，在计算效用时对各指标数据进行均值标准化处理，具体如下：经过无量纲化处理后的数据如表 6-19 所示。其中相关指标，如运输费用、运输时间与运输距离采用逆向化方法，公式为（Max-X）/（Max-Min），客户偏好则采用均值化方法，公式为 X/Mean。

（3）模型求解步骤

根据上述标定出来的参数向量 a_{in}，即可确定不同货类运输在不同运输组合之下的效用函数，即可分货类计算出不同运输组合方式下的分担率。由于各个组合间的选择是独立的，不同货类运输选择各个运输组合概率和选择港口的概率可通过 logit 模型直接得到：

$$P_i = \frac{e^{U_i}}{\sum_{i=1}^{n} e^{U_i}}$$

$$P_j = \sum i \in j \frac{e^{U_i}}{\sum_{i=1}^{n} e^{U_i}}$$

计算出各货类往不同港口运输的份额后汇总成表，即可得到各港口在混合腹地的货物市场份额。

表6-19　无量纲化处理后的数据

			通辽	双鸭山	牡丹江	大兴安岭	兴安盟	辽源	七台河	伊春	白城	佳木斯
运输费用	散货	公路	大连港	0.0163	0.0000	0.0000	0.0000	0.0000	0.1251	0.0000	0.0000	0.0000	0.0000
			营口港	0.2265	0.1723	0.0829	0.1207	0.1973	0.3241	0.0858	0.1403	0.8836	0.9257
			锦州港	0.3729	0.1120	0.0591	0.1147	0.2338	0.3584	0.0662	0.1208	0.8307	0.9195
			丹东港	0.0000	0.1152	0.2539	0.0699	0.1158	0.4142	0.2072	0.1080	0.5132	0.9174
			葫芦岛港	0.2924	0.1017	0.0446	0.1239	0.2180	0.0145	0.0588	0.1124	0.6984	1.0000
			盘锦港	0.3099	0.1346	0.0966	0.1209	0.2221	0.0000	0.0906	0.1244	1.0000	0.9254
		铁路	大连港	0.9615	0.9947	0.9897	0.9510	0.9505	0.9853	0.9911	0.9911	0.0000	0.9038
			营口港	0.9602	0.9134	0.9807	0.9351	0.8803	1.0000	1.0000	1.0000	0.8836	0.9257
			锦州港	1.0000	1.0000	0.9967	1.0000	0.9944	0.9947	0.9968	0.9968	0.8307	0.9195
			丹东港	0.9697	0.9045	0.9945	0.9605	0.9779	0.9937	0.9950	0.9950	0.5132	0.9174
			葫芦岛港	0.9890	0.9016	0.9935	0.9602	1.0000	0.9904	0.9942	0.9942	0.6984	1.0000
			盘锦港	0.9979	0.9947	1.0000	0.9547	0.9876	0.9991	0.9911	0.9995	1.0000	0.9254
	集装箱	铁路	大连港	0.2734	0.0000	0.0000	0.0000	0.0000	0.3021	0.000	0.0000	0.0000	0.0000
			营口港	0.1998	1.0000	0.3265	0.9743	0.8438	0.7825	0.4139	1	0.8836	0.8633
			锦州港	1.0000	0.6501	0.2327	0.9254	1.0000	0.8652	0.3197	0.8606	0.8307	0.4941
			丹东港	0.0000	0.6685	1.0000	0.5645	0.49505	1.0000	1.0000	0.7697	0.5132	0.3550
			葫芦岛港	0.8818	0.5901	0.1755	1.0000	0.9323	0.0351	0.2840	0.8006	0.6984	0.8902
			盘锦港	0.9345	0.7815	0.3804	0.9761	0.9500	0.0000	0.4373	0.8861	1.0000	1.0000

续表

		通辽	双鸭山	牡丹江	大兴安岭	兴安盟	辽源	七台河	伊春	白城	佳木斯
运输时间	公路	大连港	0.0000	0.0000	0.0000	0.0000	0.0000	0.2804	0.0000	0.0000	0.0000	0.0000
		营口港	0.1816	0.7920	0.2808	0.6938	0.7065	0.7262	0.3420	0.7507	0.8836	0.9257
		锦州港	0.9122	0.5149	0.2000	0.6590	0.8372	0.8029	0.2641	0.6460	0.8307	0.9195
		丹东港	0.1647	0.5295	0.8598	0.4020	0.4145	0.9280	0.8263	0.5778	0.5132	0.9174
		葫芦岛港	0.8573	0.4674	0.1509	0.7121	0.7806	0.0325	0.2347	0.6010	0.6984	1.0000
		盘锦港	0.8986	0.6189	0.3271	0.6952	0.7954	0.0000	0.3613	0.6652	1.0000	0.9254
	铁路	大连港	0.1415	0.2476	0.1832	0.3235	0.2046	0.3847	0.2150	0.2869	0.0000	0.9038
		营口港	0.7994	1.0000	0.4499	0.9826	0.8758	0.8083	0.5400	1.0000	0.8836	0.9257
		锦州港	1.0000	0.7367	0.3732	0.9495	1.0000	0.8811	0.4660	0.9006	0.8307	0.9195
		丹东港	0.2899	0.7506	1.0000	0.7054	0.5984	1.0000	1.0000	0.8358	0.5132	0.9174
		葫芦岛港	0.9478	0.6916	0.3265	1.0000	0.9462	0.1493	0.4380	0.8578	0.6984	1.0000
		盘锦港	0.9872	0.8356	0.4939	0.9839	0.9603	0.1184	0.5583	0.9187	1.0000	0.9254
运输距离		大连港	0.0000	0.0000	0.0000	0.0000	0.0000	0.3021	0.0000	0.0000	0.0000	0.0000
		营口港	0.7685	1.0000	0.3265	0.9743	0.8438	0.7825	0.4139	1.0000	0.8836	0.8633
		锦州港	1.0000	0.6501	0.2327	0.9254	1.0000	0.8651	0.3197	0.8606	0.8307	0.4941
		丹东港	0.1806	0.6685	1.0000	0.5645	0.4951	1.0000	1.0000	0.7697	0.5132	0.3550
		葫芦岛港	0.9398	0.5901	0.1755	1.0000	0.9323	0.0351	0.2840	0.8006	0.6984	0.8902
		盘锦港	0.9852	0.7815	0.3804	0.9761	0.9500	0.0000	0.4373	0.8861	1.0000	1.0000

续表

		通辽	双鸭山	牡丹江	大兴安岭	兴安盟	辽源	七台河	伊春	白城	佳木斯
与后方运输大通道的距离	大连港	1	1	1	1	1	1	1	1	1	1
	营口港	0.919031142	0.919031142	0.919031142	0.919031142	0.919031142	0.919031142	0.919031142	0.919031142	0.919031142	0.919031142
	锦州港	0.170242215	0.170242215	0.170242215	0.170242215	0.170242215	0.170242215	0.170242215	0.170242215	0.170242215	0.170242215
	丹东港	0	0	0	0	0	0	0	0	0	0
	葫芦岛港	0.179930796	0.179930796	0.179930796	0.179930796	0.179930796	0.179930796	0.179930796	0.179930796	0.179930796	0.179930796
	盘锦港	0.705882353	0.705882353	0.705882353	0.705882353	0.705882353	0.705882353	0.705882353	0.705882353	0.705882353	0.705882353

(4）货物市场份额计算

本研究中的效用函数因素主要从经济性、快速性、便捷性、可靠性四个方面考虑。则效用函数可表示为：

$$U_i = a_1C_1 + a_2C_2 + a_3C_3 + a_4C_4 + a_5$$

式中：

C_1 为经济性效用；

C_2 为快速性效用；

C_3 为便捷性效用；

C_4 为可靠性效用；

a_1、a_2、a_3、a_4 为待定系数，a_5 为常数项。

其中，经济性主要考虑货主所花的费用，具体指标为货物运输费用；快速性主要考虑货主所花的时间，具体指标为货物运输时间；便捷性主要考虑货主将货物运输至港口的便捷程度，具体指标为港口与后方运输大通道之间的距离以及货物运输至港口的运输距离；可靠性主要考虑货主对于港口的信任程度；具体指标为港口强度。

$$C_1 = (E_{max} - E)/(E_{max} - E_{min})$$

$$C_2 = (T_{max} - T)/(T_{max} - T_{min})$$

$$C_3 = C_{31} + C_{32}$$
$$= b_1\left[(L_{1max} - L_1)/(L_{1max} - L_{1min})\right] + b_2\left[(L_{2max} - L_2)/(L_{2max} - L_{2min})\right]$$

$$C_4 = Q/Q_{mean}$$

式中：

E 为货物运输费用；

T 为货物运输时间；

L_1 为港口与后方运输大通道之间的距离；

L_2 为货物运输距离；

Q 为港口强度；

b_1、b_2 为系数。

通过问卷调查的结果标定得到系数 a_i、b_i，将下层多项式中的参数 b_i 融入到上层效用函数的参数 a_3 中，即设 $b_i=1$，a_i 用极大似然估计法进行标定。标定方法如下：

假设统计数据为 N 个样本，对于货物 n 的确定效用 $U_{in}=a_{in}C_{in}$，其中 $a_{in}=(a_{1n},a_{2n},a_{3n}b_1,a_{3n}b_2,a_{4n},a_{5n})$，$C_{in}=(C_{1n},C_{2n},C_{31n},C_{32n},C_{4n},1)^T$，$a_{in}$ 为参数向量。

第 n 次观察结果的似然函数为：

$$L^*(a)=\prod_{n\in N}P_{in}^{\delta_{in}}(i|a)$$

对公式两边取对数，得到对数似然函数：

$$\ln L^*(a)=\sum_{n=1}^N \delta_{in}\ln P_{in}(i|a)$$

其中，δ_{in} 的取值如下：

$$\delta_{in}=\begin{cases}1, & n\text{选择}i\\0, & \text{其他}\end{cases}$$

货物 n 选择路径 i 的概率为：

$$P_{in}=\frac{e^{a_{in}C_{in}}}{\sum_{j\in I}e^{a_{jn}C_{jn}}}$$

根据极大似然估计原理，极大化对数似然函数，即可得到参数向量 a_{in} 的估计值。

最后运用 logit 模型计算选择港口 j 的概率公式如下：

$$P_j=\sum i\in j\frac{e^{U_i}}{\sum_{i=1}^n e^{U_i}}$$

式中：

P_j 为某货类选择 j 港口的概率；

U_i 为效用函数；

$\dfrac{e^{U_i}}{\sum_{i=1}^n e^{U_i}}$ 表示选择第 i 种组合运输方式的概率。

以沈阳市的散货为例，计算各港口沈阳市散货市场份额。如表 6-20 所示。

表6-20　　　　　　　　各港口沈阳市散货市场份额

		公路						铁路				
		大连港	营口港	锦州港	丹东港	葫芦岛港	盘锦港	大连港	营口港	锦州港	丹东港	葫芦岛港	盘锦港
分项效用	C_1	0.00	0.08	0.06	0.25	0.04	0.10	0.99	0.98	1.00	0.99	0.99	0.99
	C_2	0.00	0.28	0.20	0.86	0.15	0.33	0.18	0.45	0.37	1.00	0.33	0.49
	C_3	1.00	0.92	0.17	0.00	0.18	0.71	1.00	0.92	0.17	0.00	0.18	0.71
	C_4	1.79	1.32	0.89	0.75	0.58	0.67	1.79	1.32	0.89	0.75	0.58	0.67
标定参数	a_1	0.32	0.32	0.32	0.32	0.32	0.32	0.32	0.32	0.32	0.32	0.32	0.32
	a_2	0.13	0.13	0.13	0.13	0.13	0.13	0.13	0.13	0.13	0.13	0.13	0.13
	a_3	0.22	0.22	0.22	0.22	0.22	0.22	0.22	0.22	0.22	0.22	0.22	0.22
	a_4	0.52	0.52	0.52	0.52	0.52	0.52	0.52	0.52	0.52	0.52	0.52	0.52
	a_5	0.52	0.52	0.52	0.52	0.52	0.52	0.52	0.52	0.52	0.52	0.52	0.52
效用函数值		1.67	1.61	1.16	1.53	0.97	1.26	2.01	1.92	1.49	1.79	1.30	1.57
选择运输组合的概率		9.26%	8.70%	5.57%	8.04%	4.59%	6.15%	13.02%	11.86%	7.69%	10.38%	6.36%	8.39%

如表6-20的计算结果所示，沈阳市的散货有28.09%流向大连港，其中11.47%通过公路运输，16.62%通过铁路运输；24.91%流向营口港，其中11.3%通过公路运输，13.61%通过铁路运输；13.77%流向锦州港，其中6.19%通过公路运输，7.58%通过铁路运输；10.73%流向丹东港，其中4.68%通过公路运输，6.05%通过铁路运输；9.71%流向葫芦岛港，其中4.18%通过公路运输，5.53%通过铁路运输；12.8%流向盘锦港，其中5.81%通过公路运输，6.99%通过铁路运输。

根据市场份额的混合腹地划分模型，计算各港口在混合腹地的散货及集装箱货物占比如表6-21所示。

表6-21　　　　　　　　混合腹地货物市场份额占比（%）

		大连港	营口港	锦州港	丹东港	葫芦岛港	盘锦港
通辽	散货	31.81	25.44	16.33	6.15	8.94	11.33
	集装箱	6.11	17.12%	31.62	1.62	18.26	25.26
双鸭山	散货	24.12	34.37	11.27	8.78	7.77	13.69
	集装箱	34.65	34.53	7.67	5.98	5.57	11.59
牡丹江	散货	22.29	20.56	13.25	18.42	10.95	14.53
	集装箱	22.88	20.26	12.52	20.35	10.29	13.70
大兴安岭	散货	15.56	28.27	16.72	9.59	13.70	16.16
	集装箱	8.03	35.89	17.14	6.84	15.21	16.89
兴安盟	散货	27.47	26.92	12.10	6.87	9.60	17.05
	集装箱	3.43	21.27	25.60	7.42	20.15	22.14
辽源	散货	27.36	31.62	15.78	15.03	4.25	5.96
	集装箱	27.44	31.60	16.19	17.05	3.38	4.34
七台河	散货	21.36	23.91	10.93	23.35	7.85	12.59
	集装箱	29.29	24.95	9.27	18.72	6.64	11.13
伊春	散货	21.24	30.24	13.93	10.67	9.94	13.98
	集装箱	11.79	46.80	11.45	7.51	7.60	14.86
白城	散货	25.21	26.57	14.22	9.81	9.72	14.47
	集装箱	25.17	27.91	12.82	8.79	9.45	15.87
佳木斯	散货	29.07	23.42	12.66	10.48	10.93	13.45
	集装箱	23.44	26.66	11.59	9.39	12.66	16.24

（5）分析结论

由表6-21分析可以得到以下结论。

①根据上一阶段基于港口辐射力的腹地划分的结果及结合第二阶段计算，将混合腹地具体划分为如下：兴安盟和通辽是大连港与锦州港的混合腹地，佳木斯、双鸭山、七台河、牡丹江、白城及辽源是大连港和营口港的混合腹地。

②在佳木斯、双鸭山、七台河、牡丹江、白城及辽源的散货市场份额占比中，营口港和大连港占比相近。但大连港在牡丹江市略有优势，而营口港在七台河略占优势，并在双鸭山市占据明显优势。在位置上营口港与佳木斯、双鸭山、七台河及牡丹江距离更近，但由于大连港的总体辐射力更强，因此

在散货市场份额占比中也具有一定明显优势。

③在牡丹江、七台河、双鸭山市集装箱市场份额占比中,大连港跟营口港占比相近,但营口港优势较明显。与上一阶段的区别在于,上一阶段的结果是综合考虑港口实力得出的,而市场份额占比中还考虑了客户选择偏好等主观因素。营口港的区位优势和便捷的交通条件都为营口港在混合腹地中的市场份额占比提供了保证,营口港一直重视内贸集装箱业务的发展。

④通辽作为大连港跟锦州港的混合腹地,在散货市场占比中大连港的优势更明显,而集装箱市场份额占比中,锦州港占比稍占优势,主要在于锦州港的区位优势,在集装箱运输方面有便捷的交通条件作保障。

⑤兴安盟是大连港跟锦州港的混合腹地,在散货跟集装箱的市场份额占比中,锦州港优势更明显,主要在于兴安盟与锦州港的距离更近,锦州港的区位优势得以体现,货主在选择时考虑到成本问题,最终倾向锦州港。

根据第二阶段"基于市场份额"的腹地划分的结果,将第一阶段"基于港口辐射力"的腹地划分结果中混合腹地及未划分城市进一步细化,结果如下:

兴安盟和通辽是大连港与锦州港的混合腹地;

佳木斯、双鸭山、七台河、牡丹江、白城及辽源市是大连港和营口港的混合腹地;

第一阶段中未被划分的大兴安岭地区及伊春市被划分为营口港腹地。

附录　相关论文集

区域港口一体化发展下港口腹地范围实证研究

陈沿伊　程盼　毕珊珊　张培林

为探究区域港口一体化发展下港口对于经济腹地的竞争合作策略，以正在实行一体化发展的大连港和营口港为例，运用烟羽模型对2019年、2020年的港口腹地范围进行测算，并用Arcgis软件绘制出各港口腹地与混合腹地地图，通过各港口腹地范围演化特征分析港口竞争合作策略。研究结果表明：港口规模较大的大连港腹地范围缩小，促使大连港与营口港腹地范围差距减小，混合腹地范围扩大。港口一体化发展背景下，各港口发展注重于腹地范围内的协同运作、优势互补。

近几年我国各地陆续成立省级港口集团，对区域内港口进行资源整合，各地港口一体化发展改革成果十分显著。基于省港集团对区域内港口的一体化管理，港口在区域内的竞争合作发生变化，港口腹地范围能有效反映区域内各港口的竞争合作关系，港口腹地范围的演化成为研究港口竞争合作的热点之一。

港口一体化发展下，港口竞合关系发生转变，鲁渤等指出港口整合后港口发展由单个局部最优转化为港口群整体最优。Ma等通过研究发现港口一体化对港口资源的合理化及其在区域港口之间的分配具有积极影响，从而也促进了城市经济增长。港口的发展必须具备良好的腹地，更好地认识港口腹地

陈沿伊、程盼、张培林：武汉理工大学交通与物流工程学院；毕珊珊：交通运输部规划研究院水运所。

有利于制定腹地差异化发展战略，推动区域协同发展。经过多年的发展，已经有相当多的模型用于港口腹地划分，包括场强模型、烟羽模型、Huff模型、断-电模型、牛顿模型、威尔逊——断裂点模型、离散选择模型。对于港口腹地各时期的演变，康译之等对长江三角洲地区集装箱港口重要节点时期的腹地演化特征进行了分析，总结了各港口腹地演化影响机制。徐维祥等对港口腹地空间在不同外贸环境下的演变进行了研究。

本文以大连港与营口港为例，测算新冠疫情前后港口腹地范围，研究因新冠疫情引起货源降低时区域内各港口腹地范围演变特征，进而分析一体化发展下区域内各港口的对于腹地的竞争合作策略。

1. 腹地划分烟羽模型构建

1.1 烟羽模型

高斯烟羽模型（gaussian plume model，GPM）简称烟羽模型，是经典的气体扩散模型，也是运用最广的气体模型之一，它适用在泄漏源强为已知、单源、单风向且大气稳定条件不变的情况下的匀质气体扩散量的计算，被广泛运用于大气环境质量预测以及空气污染扩散研究。烟羽模型的基本方程式如下：

$$C(x,y,z) = \frac{Q}{2\pi\sigma_y\sigma_z\mu}e^{[-\frac{1}{2}(\frac{y^2}{\sigma_y^2}-\frac{z^2}{\sigma_z^2})]} \quad (1)$$

式中：C(x,y,z)表示坐标为(x,y,z)点的污染物浓度；

Q表示污染物的排放源强；

μ表示污染物排放处的平均风速；

δ_y和δ_z分别表示污染物在y,z方向的扩散系数。

1.2 腹地划分烟羽模型

在交通领域，通常将港口视为烟羽模型中污染源，研究港口对周边城市的影响程度，进而对腹地进行划分。其基本思路是：计算潜在腹地范围内各港口综合影响力对同一单元（城市）的影响程度，根据影响程度的大小把该单元（城市）划分为对其影响程度最大的港口，将潜在腹地范围内所有单元进行依次划分，从而得到各港口腹地范围。根据烟羽模型，对模型中的变量进行重新定义，并删除与港口腹地研究不相关变量，增加研究所需的变量[7]。港口 i 对地区 j 的影响程度可描述为：

$$c_{ij} = \frac{Q_i \bar{\mu}_{ij} R_{ij}}{4\pi x_{ij}^2} \quad (2)$$

式中：C_{ij} 为港口 i 对地区 j 的影响程度；

Q_i 为港口 i 的自身综合影响力；

$\bar{\mu}_{ij}$ 为由港口 i 到地区 j 的交通便利程度；

R_{ij} 代表港口 i 与地区 j 的关联度；

x_{ij} 为港口 i 到地区 j 的最佳运输距离。

2. 研究对象与方法

2.1 研究对象及数据来源

研究对象：港口，为辽宁港口集团进行港口一体化发展的大连港和营口港。腹地，为两港口所面向的辽宁省、吉林省、黑龙江省及内蒙古自治区东部的三市一盟，以地级行政区为单位，共 40 个单元。

时间范围：选取 2019 年、2020 年，分析新冠疫情前后港口腹地范围演变。由于 2019 年初大连港与营口港完成整合，2020 年初新冠疫情暴发导致腹地货源下降，2019 年与 2020 年的腹地范围演化可反映港口在实行一体化发展后的竞争合作关系。

数据来源：本文数据来源于 2020 年、2021 年的《辽宁省统计年鉴》《黑龙江省统计年鉴》《吉林省统计年鉴》《中国港口统计年鉴》和各市县的统计年鉴，以及 2019 年、2020 年国民经济和社会经济发展公报。运输时间及距离数据来源于各年份地区交通图。

2.2 研究方法

为清晰呈现港口腹地演化，首先运用烟羽模型对各港口腹地范围进行定量划分，并用 Arcgis 软件平台对腹地范围进行可视化处理，然后定性分析港口腹地演化特征。

2.2.1 港口综合影响力 Q_i 的确定

港口综合影响力的大小决定了港口对腹地范围的吸引和辐射能力，由于港口自身的基础设施、经营水平不同以及港腹之间的联系不同，使得港口综合影响力具有差异性。港口综合影响力越大，其辐射的范围越大。本文在借鉴其他学者研究基础上，通过对海港功能特性、指标现实可行以及数据来源的综合分析，选取港口规模、港城经济实力、港口需求、港口发展趋势四个方面的十个指标进行港口综合影响力评价，用港口规模和港城经济实力来衡量港口的实力，用港口需求和港口发展趋势来衡量港口各时期的发展定位，具体指标如表 1 所示。

表1　港口综合影响力评价指标体系

目标层	一级指标	二级指标
港口综合影响力	港口规模	港口码头长度 X_1
		港口泊位数量 X_2
	港城经济实力	城市 GDP X_3
		城市外贸额 X_4
		港城投资总额 X_5
	港口需求	货物吞吐量 X_6
		外贸货物吞吐量 X_7
		集装箱吞吐量 X_8
	港口发展趋势	货物吞吐量年增长率 X_9
		集装箱吞吐量年增长率 X_{10}

由于大多数指标计算方法主观性较大，如专家打分法、层次分析法等。本文运用 SPSS24 软件首先对原始数据进行标准化处理，将数据进行去量纲化，

再采用可进行多变量统计的主成分分析法对港口综合影响力指标进行分析。

2.2.2 港口与其他城市的关联度 R_{ij} 的确定

港口的发展除了与自身的综合实力和竞争力相关,与其他城市的发展也是密不可分的。港口是一个城市通往世界各地的桥梁,港口的发展为城市的发展和繁荣提供条件。与此同时,城市为港口输送专业人才和货运需求,港口的发展取决于城市的物流需求。因此,选取港口与城市间的经济作用综合影响力来衡量港口与其他城市的关联度,选取城市工业产值和常住人口数作为代表指标进行测算。计算公式如下:

$$R_{ij} = \frac{\sqrt{P_i P_j v_i v_j}}{x_{ij}^2} \tag{3}$$

其中,P_i、P_j 分别表示两城市的常住人口,V_i、V_j 分别代表两城市的工业产值,x_{ij} 表示两城市的最佳运输距离,由于铁路相对于公路以及其他运输方式而言,是区域间货物运输更为经济、环保、安全的方式,因此本文采用铁路运输里程。

2.2.3 港口与其他城市之间的交通便利程度 $\bar{\mu}_{ij}$ 的确定

采用加权最短平均旅行时间法来计算港口与其他城市的时间距离,以此反映港口与其他城市之间的交通便利程度,计算公式如下:

$$A_{ij} = \frac{\sum_{l=1}^{n} T_{il} \times M_l}{\sum_{l=1}^{n} M_l} \tag{4}$$

$$M_l = \sqrt{P \times V_l} \tag{5}$$

式中:

i 为港口城市;

j 为潜在腹地城市;

n 为 j 城市内的节点区域数量(个);

l 为 j 城市内的节点区域;

A_{ij} 为港口城市 i 与潜在腹地城市 j 的加权最短平均旅行时间;

T_{il} 为港口城市与节点区域间的最短旅行时间;

M_l 为节点区域的权重；

P_l 和 V_l 代表节点区域常住人口和工业产值。

本文主要考虑港口到其他城市之间的公路因素和铁路因素，综合公路与铁路平均加权最短旅行时间表示陆路交通网络便利程度，公式为：

$$IA_{ij} = \sum A_{ijy} \times \omega y \tag{6}$$

式中：

IA_{ij} 为港口城市 i 与潜在腹地城市 j 的陆路交通网络加权最短平均旅行时间；

A_{ijy} 表示第 y 种交通方式的加权最短平均旅行时间；

ω_y 表示各交通方式的权重，结合货运量和其他参考文献 [18]，将公路和铁路权重分别设置为 0.56、0.44。

加权平均旅行时间越长，港口与潜在腹地城市间交通便利程度越差，交通便利程度值计算公式如下：

$$\bar{\mu}_{ij} = \frac{100}{IA_{ij}} \tag{7}$$

3. 结果与分析

3.1 港口综合影响力评价结果

根据各年份《中国港口年鉴》以及《辽宁省统计年鉴》收集指标原始数据，如表 2 所示。

表2　　　　　　　　　原始数据

指标	单位	港口	2019 年	2020 年
X_1	千米	大连港	4.11	4.32
		营口港	1.90	1.90

续表

指标	单位	港口	2019 年	2020 年
X_2	个	大连港	223	231
		营口港	86	86
X_3	亿元	大连港	6990	7030.40
		营口港	1328.20	1325.50
X_4	亿元	大连港	281.68	241.66
		营口港	32.21	26.91
X_5	亿元	大连港	1459.86	1461.32
		营口港	438.74	449.27
X_6	亿吨	大连港	3.66	3.34
		营口港	2.38	2.38
X_7	万吨	大连港	16511	16350
		营口港	8264	9053
X_8	万标箱	大连港	876	511
		营口港	548	565
X_9	%	大连港	104.30	−8.80
		营口港	64.40	0.01
X_{10}	%	大连港	89.70	−41.70
		营口港	84.40	3.10

运用 SPSS 软件对数据进行标准化处理后进行主成分分析，经分析提取两个主成分因子较为合理，这两个因子解释了总变量的 98.21%，因子得分系数矩阵如表 3 所示。

表3　　　　　　　　　因子得分系数矩阵

标准化参数	成分 1	成分 2
Zscore（X1）	0.144	−0.046
Zscore（X2）	0.143	−0.037
Zscore（X3）	0.142	−0.024
Zscore（X4）	0.135	0.024

续表

标准化参数	成分 1	成分 2
Zscore（X5）	0.142	−0.024
Zscore（X6）	0.130	0.050
Zscore（X7）	0.143	−0.028
Zscore（X8）	0.029	0.302
Zscore（X9）	−0.026	0.377
Zscore（X10）	−0.075	0.382

由此可得，

$$F_1 = 0.144X_1 + 0.143X_2 + 0.142X_3 + 0.135X_4 + 0.142X_5 + 0.130X_6 + 0.143X_7 + 0.029X_8 - 0.026X_9 - 0.075X_{10} \quad (8)$$

$$F_1 = -0.046X_1 - 0.037X_2 - 0.024X_3 + 0.024X_4 - 0.024X_5 + 0.050X_6 - 0.028X_7 + 0.302X_8 + 0.377X_9 + 0.382X_{10} \quad (9)$$

以各因子的方差贡献率作为权重，得到港口综合影响力公式为：

$$Q = 0.7159F_1 + 0.2662F_2 \quad (10)$$

经公式（8）~公式（10）计算，各年份大连港、营口港的港口综合影响力如表4所示。

表4　港口综合影响力

	大连港	营口港
2019	2520	1027
2020	1060	1095

3.2　港口腹地范围划分

本文以东北三省以及内蒙古自治区东部地区的三市一盟地级行政区为研究对象，结合各参数计算结果，根据公式（2）计算出港口对各城市的影响程度，由于港口所在城市以港口联系紧密，为港口的核心腹地，故本文对大连市、营口市不进行影响程度计算。港口对各城市影响程度如表5所示。

续表

表5　　　　　　　　　港口对城市影响程度

城市	2019 大连港	2019 营口港	2020 大连港	2020 营口港
沈阳	0.34319	2.42592	0.14393	2.34424
鞍山	0.47872	29.60777	0.19439	27.71391
抚顺	0.04487	0.17262	0.01796	0.16881
本溪	0.05827	0.38142	0.02458	0.39302
丹东	0.00746	0.00962	0.00309	0.00974
锦州	0.04369	0.16810	0.01784	0.16765
阜新	0.00624	0.00987	0.00261	0.01007
辽阳	0.16895	4.54522	0.06889	4.52806
盘锦	0.15213	2.68775	0.06495	2.80325
铁岭	0.02698	0.13707	0.01117	0.13868
朝阳	0.00344	0.00283	0.00142	0.00146
葫芦岛	0.02586	0.06112	0.00999	0.05768
通化	0.00117	0.00172	0.00040	0.00142
白山	0.00224	0.00083	0.00100	0.00082
辽源	0.00336	0.00270	0.00099	0.00275
四平	0.00884	0.01195	0.00238	0.00788
白城	0.00045	0.00029	0.00039	0.00020
松原	0.00118	0.00069	0.00099	0.00069
吉林	0.00310	0.00166	0.00259	0.00169
长春	0.02174	0.01826	0.01020	0.02093
延边	0.00060	0.00014	0.00024	0.00014
哈尔滨	0.00314	0.00153	0.00206	0.00185
齐齐哈尔	0.00044	0.00011	0.00028	0.00011
鸡西	0.00051	0.00002	0.00022	0.00003
鹤岗	0.00003	0.00001	0.00001	0.00001
双鸭山	0.00004	0.00002	0.00002	0.00002

续表

城市	2019 大连港	2019 营口港	2020 大连港	2020 营口港
大庆	0.00099	0.00039	0.00057	0.00035
伊春	0.00004	0.00002	0.00001	0.00001
佳木斯	0.00034	0.00022	0.00003	0.00002
七台河	0.00003	0.00001	0.00001	0.00001
牡丹江	0.00024	0.00005	0.00015	0.00005
黑河	0.00745	0.00001	0.00308	0.00001
绥化	0.00045	0.00018	0.00028	0.00017
大兴安岭	0.00001	0.00000	0.00000	0.00000
呼伦贝尔	0.00027	0.00012	0.00018	0.00008
兴安盟	0.00032	0.00013	0.00024	0.00014
通辽	0.00134	0.00203	0.00059	0.00217
赤峰	0.00188	0.00088	0.00120	0.00092

①新冠疫情前港口腹地范围。2019年辽宁省港口货物吞吐量共86124万吨，其中大连港货物吞吐量36641万吨，增长104.3%；营口港货物吞吐量为23818万吨，增长64.4%。

2019年大连港腹地20个，营口港腹地15个，混合腹地5个。营口港由于其陆路可达性优势，其腹地范围主要是其附近营口、沈阳、鞍山、抚顺、本溪、丹东、锦州、阜新、辽阳、盘锦、铁岭、葫芦岛、通化、四平、通辽等城市。随着距离优势的减弱，大连港凸显其综合影响力优势，在外围圈层的大连、朝阳、白山、辽源、白城、松原、吉林、长春、延边朝鲜族自治州、哈尔滨、齐齐哈尔、鸡西、大庆、佳木斯、牡丹江、黑河、绥化、呼伦贝尔、兴安盟、赤峰等城市属于大连港腹地。最外圈层的鹤岗、双鸭山、伊春、七台河、大兴安岭等城市，大连港的综合影响力优势与营口港距离优势相互平衡，两港口对该区域的影响程度差异不显著，为两个港口的混合腹地。

②新冠疫情发生后港口腹地范围。2020年受新冠疫情的影响，全球海运

贸易量较 2019 年下降约 4%。辽宁省港口货物吞吐量总共为 82004 万吨，下降 4.8%。其中大连港货物吞吐量 36641 万吨，下降 8.8%；营口港货物吞吐量为 23818 万吨，与 2019 年基本持平。

2020 年大连港腹地 16 个，营口港腹地 17 个，混合腹地 7 个。与 2019 年相比，部分原为大连港腹地的城市转变为营口港腹地或者混合腹地，其中辽源、长春等城市转变为营口港腹地，朝阳、佳木斯等城市转变为两港口混合腹地。

3.3　港口腹地演变特征分析

3.3.1　港口综合影响力演变分析

新冠疫情发生后，港口综合影响力演化趋势表现为大型港口综合影响力显著降低，规模相对较小的港口综合影响力基本稳定。由表 4 可知，与 2019 年相比，2020 年大连港综合影响力下降 57%，营口港综合影响力与上一年基本持平。表明区域港口一体化发展下港口规模较大的大连港综合影响力进行了适当控制，使得两港口能够协调发展。

3.3.2　腹地范围演变分析

①各港口腹地范围差距减小。2019 年，大连港与营口港腹地范围差异显著，大连港由于港口综合影响力优势拥有 20 个腹地，占据腹地总量的 50%。营口港腹地为港口周边的 15 个城市，占据腹地总量的 37.5%。2020 年大连港腹地范围缩减至 16 个，港口综合影响力减弱，营口港得以凸显其陆路可达性优势，使得腹地增加至 17 个，两港口腹地范围差距明显减小。

②混合腹地范围扩大。新冠疫情发生后，两港口共同服务的城市数量增加，2019 年两港口在东北地区混合腹地 5 个，2020 年增加至 7 个。新冠疫情时期各港口对腹地范围边界处的城市影响程度差距减小，使得营口港与大连港腹地边界处的朝阳市、大连港腹地与混合腹地边界处的佳木斯市转变为混合腹地。

4. 港口一体化发展策略分析

基于上一节大连港与营口港腹地范围演变分析，本节进一步对港口一体化发展背景下各港口的协同发展策略进行讨论。

4.1 均衡港口综合影响力，避免腹地范围不合理扩张

一体化发展下，港口的发展模式从单个局部最优转变为港口群体最优。港口整合前，各港口通过腹地争夺来抢夺货源，以保证港口利益最大。规模较大的港口必然利用其港口实力优势扩大其腹地范围争夺更多货源，以保证港口的经营水平，进而导致其他港口经营水平降低。然而，一体化发展注重于港口群的整体效益，对于一体化发展下的港口管理，通过对各时期港口需求进行预测，对港口综合影响力进行合理预判，确定港口整合后的最优规模，避免其对腹地的进一步吸引，促使区域内港口协调发展，实现港口群有效整合。

4.2 扩大混合腹地范围，引导港口合作

一体化发展下，应当正确引导港口合作，促进港口优势互补，促使港口资源利用最大化，促使港口群整体利益最优。因此，适当扩大混合腹地范围，可引导混合腹地内各港口的经营合作，促进港口间合理分工和协同发展，一方面促进港口强强联合，另一方面带动规模较小的港口发挥其功能优势，减少资源浪费。解决区域内港口同质化问题，提升港口群整体资源利用率和经营效益。

5. 结论

①使用烟羽模型对大连港与营口港在新冠疫情前后的腹地范围进行研究结果表明，新冠疫情时期腹地货运量下降，港口规模较大的大连港通过控制港口综合影响力，避免了通过腹地扩张来争夺腹地货源，促进区域内港口协

同一体化发展。同时适当缩减腹地范围，使混合腹地范围扩大，可有效带动港口在混合腹地内进行合理分工、协同运作。

②通过对港口一体化发展策略的讨论分析发现，精准预测港口各时期的需求，对港口综合影响力进行合理预判，能有效确定区域内各港口腹地最优规模，促进区域内各港口协调发展。另外，促进混合腹地内各港口的合理分工、协同运作，在合作基础上形成良好的竞争合作博弈机制，能有效解决港口同质化问题，是促进港口一体化发展又一有效措施。

参考文献

[1] 鲁渤, 路宏漫. 大连港积极推动辽宁港口整合对策研究[J]. 大连干部学刊, 2021, 37（08）: 60-64.

[2] Ma Q F, Jia P, She X R, Haralambides H, Kuang H B. Port integration and regional economic development: Lessons from China[J]. TRANSPORT POLICY, 2021（110）; 430-439.

[3] 曹炳汝, 樊鑫. 港口物流与腹地经济协同发展研究——以太仓港为例[J]. 地理与地理信息科学, 2019, 35（05）: 126-132.

[4] 叶翀, 邵博, 李若然. 港口经济腹地划分与促进区域经济发展关系研究——基于厦门港海铁联运带动腹地经济发展案例的分析[J]. 价格理论与实践, 2021（10）: 181-184+196.

[5] 刘万波, 朱正晖, 王利. 基于场强模型的辽宁沿海港口腹地划分[J]. 资源开发与市场, 2019, 35（05）: 618-624.

[6] 袁金龙. 基于烟羽模型的港口腹地区内划分——以广西北部湾港口为例[J]. 价值工程, 2019, 38（27）: 52-54.

[7] 李振福, 汤晓雯. 港口腹地划分的腹地烟羽模型研究[J]. 地理科学, 2014, 34（10）: 1169-1175.

[8] 姜晓丽, 张平宇. 基于Huff模型的辽宁沿海港口腹地演变分析[J]. 地理科学, 2013, 33（03）: 282-290.

[9] MOURA T G Z, GARCIA-ALONSO L, SALAS-OLMEDO M H. Delimiting the scope of the hinterland of ports: Proposal and case study[J]. Journal of Transport Geography, 2017（65）: 35-43.

[10] 李振福, 苑庆庆, 闵德权. 港口腹地划分的断—电模型研究[J]. 水运工程, 2011（02）: 71-76.

[11] 唐顺梅. 基于牛顿模型的港口腹地划分研究[D]. 大连: 大连海事大学, 2010.

[12] 郭弘, 冯琪, 姚铭. 基于威尔逊——断裂点模型的天津港腹地划分研究[J]. 中国水运（下半月）, 2018, 18（06）: 37-38+98.

[13] WANG X C, MENG Q, MIAO L X. Delimiting port hinterlands based on intermodal network flows: Model and algorithm[J]. Transportation Research Part E, 2016(88): 32-51.

[14] 康译之，何丹，高鹏，孙志晶. 长三角地区港口腹地范围演化及其影响机制 [J]. 地理研究，2021，40（01）：138–151.

[15] 徐维祥，许言庆. 我国沿海港口综合实力评价与主要港口腹地空间的演变 [J]. 经济地理，2018，38（05）：26–35.

[16] 王海燕，张岐山. 基于改进高斯烟羽模型的废弃物处理设施负效应测度 [J]. 中国管理科学，2012，20（02）：102–106.

[17] 王娇娇，于诗琪，许诗辰. 基于高斯烟羽扩散模型的空气污染研究 [J]. 科技与创新，2017（10）：21–24.

[18] 黄承锋，田少斌，郑淑心. 基于 GIS 的陆路交通可达性空间测度与评价 [J]. 重庆交通大学学报（社会科学版），2022，22（04）：23–28.

[19] 阎福礼，邹艺昭，王世新，周艺，朱金峰. 中国不同交通模式的可达性空间格局研究 [J]. 长江流域资源与环境，2017，26（06）：806–815.

考虑托运人行为决策的集装箱港口腹地划分模型

高天航 许杏 吴宏宇 毕珊珊 田佳

集装箱港口腹地划分，可明确同区域不同港口的发展重点，避免重复建设与恶性竞争，具有重要意义。但现有集装箱港口腹地划分模型中，多从绝对理性假设为出发点，忽视托运人选择港口时的行为决策影响，造成腹地划分结果与实际情况存在较大偏差。为解决该问题，提出托运人行为决策逻辑链，引入港口约束、时间约束、航线约束和经济路径选择模型，构建考虑托运人行为决策的集装箱港口腹地划分模型。选取实例数据进行模型验证，实例结果表明，该模型较传统模型误差更小，可更精确地对集装箱港口进行腹地划分。

引言

伴随我国经济贸易的逐步发展，港口所发挥的作用日益提升。而集装箱港口规模的不断扩大，也导致港口之间的竞争日趋激烈化复杂化，其直接体

作者单位：交通运输部规划研究院水运所。

现在对腹地货源的争夺上。现阶段，由于各港口的腹地范围划分不清，出现了部分港口盲目扩建，临近港口恶性竞争等情况，直接影响了整个区域的协调健康发展。为此，如何科学精准地对集装箱港口腹地进行划分，客观认识各集装箱港口优劣势，加强港口与腹地经济之间的联动，引导港口健康发展，就显得十分重要。

当前国内外针对港口腹地划分方法主要采用空间分析法、经济调查法和数理分析法三种，其中，数理分析法由于可操作性强，结果清晰，成为近些年来国内外学者研究重点关注的领域。国外研究中，Jung基于网络的非参数加权随机区块分析模型，研究了货流动力学下陆向腹地和海向腹地的全球尺度结构；Bai使用Logistic模型定量测算沿海和内陆腹地之间的经济协同性，通过边际效益和弹性分析得出两者之间的耦合效应；Yin构建了一个0~1规划模型，以最小化总成本、运输时间和碳排放为目标，划分主要枢纽港腹地范围；Wang通过建立博弈论模型研究了影响华南地区港口治理的因素和条件，尤其是服务于部分重叠腹地的港口联盟的形成。国内研究中，主要涉及烟羽模型、断—电模型、哈夫模型等。其中，烟羽模型成为国内外学者近些年来针对港口腹地划分研究采用较多的模型，例如李振福、曹琳霞等均有使用；除此之外，李欢基于运输路径优化模型和配流模型对不同类型集装箱港口的腹地范围进行实例分析；李振福针对邮轮腹地划分问题，采用断—电模型与聚类分析等定量研究方法进行了研究；初良勇引入"效用"概念，综合考虑货主方成本和港口方收益，提出划分港口经济腹地范围模型并采用蚁群算法进行求解；胡列格对比分析了引力—模糊综合评判模型及O-D物流结合图论两种方法及其对实现港区两型发展的作用；

综上，已有研究多仅从绝对理性和经济性角度出发，鲜有考虑路径惯性、时间约束等因素对于托运人选择港口所带来的影响。因此，考虑托运人行为偏好对于集装箱港口选择的影响，精确划分集装箱港口腹地范围显得十分必要。

1. 集装箱托运人港口选择决策逻辑链

传统运输经济学观念认为，集装箱托运人在选择港口时，应遵循绝对理性假设，选择运输成本最小的路径，其中路径涉及港口即为托运人应选择的港口。但实际情况中，托运人并不仅仅考虑运输成本的最小化，其中还会涉及路径惯性、时间约束、航线约束等多个其他影响因素。这导致托运人在做出选择港口的决策前，其内部需经过一套独立的港口选择决策逻辑链，此逻辑链遵循以下规则。

①路径惯性决策。判断托运人与买方在进行贸易洽谈时是否指定固定港口，一旦因路径惯性导致港口已限定，则托运人直接选择该港口。

②航线约束决策。托运人判断该港口是否存在其所需航线，若存在，则将其纳入待选港口集合，反之不再考虑该港口。

③时间约束决策。虽部分港口存在托运人所需航线，但由于航线密度较低、周期较长，无法满足托运人时效要求，托运人仅将航线密度满足其时效要求的港口纳入待选港口集合。

④运输经济性决策。若待选港口集合无符合条件港口，需托运人调整要求，重新进行筛选；若仅包含唯一港口，则选择港口作为运输港口；若存在多个港口，则需进行全程运输经济性测算，选择运输成本最低港口作为其目标港口。

根据上述托运人行为决策步骤分析，其行为决策逻辑链如图 1 所示。

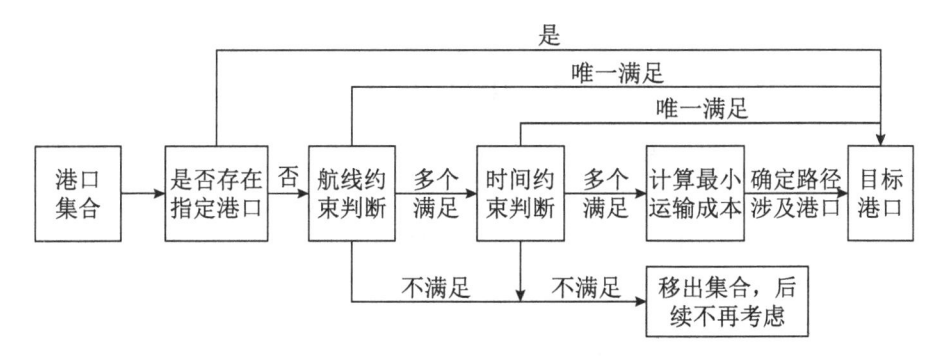

图 1　托运人港口选择决策逻辑链

2. 模型构建

2.1 数学参数

根据前文分析，集装箱托运人港口选择决策过程中共涉及港口、货物、航线、时间、运输方式等多个因素，为合理模拟集装箱托运人港口选择决策逻辑链，运用一定数学语言对其进行表示，便于后续模型构建。

区域内共有 n 个港口，其编号为 $i(i=1,2,...,n)$；共有 l 个货源生成地，其编号为 $j(j=1,2,...,l)$；航线共分为 m 个方向，其编号为 $k(k=1,2,...,m)$；

a_{ij}^{k}——货源地 j 中来自航线 k 货物中指定港口 i 的比例；

a_{ji}^{k}——货源地 j 中去往航线 k 货物中指定港口 i 的比例；

t_{wait}^{i}——第 i 个港口的平均等待装卸时间；

t_{i}^{k}——关于第 i 个港口航线 k 的船期平均等待时间；

t_{ji}——港口 i 去往货源地 j 的腹地集疏运时间；

t_{ji}——货源地 j 去往港口 i 的腹地集疏运时间；

c_{ij}——港口 i 去往货源地 j 的腹地集疏运费用；

c_{ji}——货源地 j 去往港口 i 的腹地集疏运费用；

T_{j}^{k}——货源地 j 中航线 k 的最大运输时间；

Q_{i}——港口 i 的吞吐量；

P_{i}——港口 i 的通过能力；

x_{ij}^{k}——货源地 j 中来自航线 k 货物中指定港口 i 的箱量；

x_{ji}^{k}——货源地 j 中去往航线 k 货物中指定港口 i 的箱量；

y_{ij}^{k}——排除指定港口货物后，货源地 j 中经港口 i 来自航线 k 货物的箱量；

y_{ji}^{k}——排除指定港口货物后，货源地 j 中经港口 i 去往航线 k 货物的箱量；

D_{j}^{k}——货源地 j 中来自航线 k 货物的运输总需求；

S_j^k——货源地 j 中去往航线 k 货物的运输总需求；

θ_{ij}——港口 i 在货源地 j 中所占货源份额比重；

2.2 模型建立

根据上述数学参数可知，集装箱港口腹地划分的最终结果即掌握不同地区港口所占市场份额比例，采用数学表达式表示为

$$\theta_{ij} = \frac{\sum_k (x_{ij}^k + x_{ji}^k + y_{ij}^k + y_{ji}^k)}{\sum_k D_j^k + S_j^k} \tag{1}$$

而 θ_{ij} 的确定需满足托运人港口选择决策逻辑链的各项要求。由于托运人首先判断是否存在指定港口，若存在则直接选择港口。该部分集装箱运输规模应满足以下公式：

$$x_{ij}^k = D_j^k a_{ij}^k \tag{2}$$

$$x_{ji}^k = D_j^k a_{ji}^k \tag{3}$$

在排除指定港口的集装箱运输规模后，可根据决策逻辑链得出，在满足航线与时间要求的基础上，寻找运输经济性最优线路，其目标函数为：

$$\min \sum_{i,j,k} c_{ij} y_{ij}^k + c_{ji} y_{ji}^k \tag{4}$$

表示模型目标为系统运输成本最小化。

而对于不同腹地的各航线各货种而言，指定港口部分规模与通过运输经济性最优选择港口的货源规模总和应与货源地的运输总需求相等，采用如下表示。

$$\sum_i y_{ij}^k = \sum_i D_j^k (1 - a_{ij}^k) \tag{5}$$

$$\sum_i y_{ji}^k = \sum_i S_j^k (1 - a_{ji}^k) \tag{6}$$

具体约束条件中首先应满足航线需求，若港口 i 存在航线 k，则 y_i^k 选取实际等待时间，如果尚未开通航线 k，则设 $t_i^k = +\infty$ 纳入模型。

其次应满足时限要求，具体生产中，多个货种尤其是高附加值货种对于运输时效性存在较高要求，其表达式为

$$t_{wait}^i + t_{ij} \leq T_j^k \quad (7)$$

$$t_{wait}^i + t_{ji} \leq T_j^k \quad (8)$$

港口 i 的集装箱吞吐量表达式如下，且其应小于港口的通过能力

$$Q_i = \sum_{j,k} x_{ij}^k + \sum_{j,k} x_{ji}^k + \sum_{j,k} y_{ij}^k + \sum_{j,k} y_{ji}^k \quad (9)$$

$$Q_i \leq P_i \quad (10)$$

2.3 求解算法

求解上述模型算法主要包含4步：

①计算 x_{ij}^k 和 x_{ji}^k。根据公式（2）、公式（3）进行计算。

②计算 c_{ij}、c_{ji}、t_{ij} 和 t_{ji}。本研究中假设在确定货源地与港口的前提下，集疏运成本为唯一值，也就是最小值。为求解 c_{ij} 和 c_{ji}，首先构建腹地集疏运路网，根据实际情况形成集疏运成本网，在此基础上通过 Dijkstar 标号法计算 c_{ij}、c_{ji}、t_{ij} 和 t_{ji}。

③计算 y_{ij}^k 和 y_{ji}^k。基于 Matlab，构建求解算法，寻找在式（5）~式（10）约束下，目标函数（4）达成最小值的解。

④计算 θ_{ij}。将 x_{ij}^k、x_{ji}^k、y_{ij}^k 和 y_{ji}^k 结果纳入式（1），得到各货源地不同地区港口所占市场份额比例，汇总形成腹地划分结果。

3. 实例分析

珠三角地区为我国对外贸易发展最为发达的地区之一，外贸集装箱运输需求规模较大，为此，本文即选取珠江三角洲九市（广州、佛山、肇庆、深圳、东莞、惠州、珠海、中山、江门）为货源生成地，以区域内9个沿海集装箱港口（香港港、广州港、深圳港、佛山港、东莞港、惠州港、珠海港、中山港、江门港）为港口研究对象。航线分为中国香港、南亚、日韩、中国

台湾、东南亚、中东、非洲、欧洲、北美洲、南美洲和澳洲 11 类。

数据获取方面，a_{ij}^k、a_{ji}^k、D_j^k 和 S_j^k 数据依据海关总署进出口贸易统计数据结合实际调研情况获得。c_{ij}、c_{ji}、t_{ij} 和 t_{ji} 均结合货源地与港口之间的实际运输距离，结合市场调研单箱费率及运输速度计算获得。T_j^k 和 f_{wait}^i 根据实际市场调研获得。P_i 则根据查阅交通运输部跟踪港口基础设施统计数据获得。经过使用 Matlab R2017a 进行计算，得到珠三角地区外贸集装箱 OD 流，并求得集装箱港口在腹地各区域的所占比例，形成腹地划分结果。

根据计算结果可以发现，在珠江三角洲九市的外贸集装箱运输体系中，深圳港、广州港和香港港承担比例较大，其中深圳港在东莞市、惠州市和深圳市所占份额要显著高于其他港口，分别为 65.00%、84.58% 和 77.18%；而广州港在广州市、肇庆市所占份额较高，分别为 64.94% 和 79.71%；佛山港在其本市占比较高，为 55.57%；江门市、中山市和珠海市为上述三港及本地港口的竞争区域，未出现单港所占份额显著高于其他港口的情况。由于香港港以水水中转集装箱量为主体，公路集疏运份额相对较低，除香港港外的各港以香港航线方式为其喂给，于模型中并未体现为香港港货源，故香港港腹地所占份额计算结果较低。

为验证本文方法在模型精度方面的提升，考虑到腹地划分结果本身较难进行实例验证，本文选取涉及港口（除香港港）的 2017 年集装箱国际航线实际吞吐量（扣除国际中转）与本文模型计算形成的吞吐量数据进行对比。经过对比，本文提出模型的吞吐量误差均方差为 3.25×10^{11}，传统基于绝对经济假设的腹地划分模型吞吐量误差均方差为 3.83×10^{11}，相比较误差均方差下降了 15.31%，精度提高，结果更贴近实际情况。

4. 结论

本文基于托运人行为决策逻辑链，创新性地引入港口约束和航线约束与经济路径选择模型相结合，构建考虑托运人行为决策的集装箱港口腹地划分模型。经过实例验证，由于深化考量了托运人行为决策对于路径选择的影响，使本文提出方法误差要明显低于传统基于绝对经济假设的腹地划分模型。因此，本文所提出的集装箱港口腹地划分方法，是一种基于规划模型进行腹地划分方法的深化。同时，由于实例验证有效降低了划分结果与实际情况的误差，证明其在实际应用中更具有实用意义。

参考文献

[1] Jung P, Thill J. Sea-land interdependence and delimitation of port hinterland-foreland structures in the international transportation system[J]. Journal of Transport Geography, 2022, 99:103297-.

[2] Bai J, Zheng P. Catalytic Function of Coastal Economy Development on Inland Economy[J]. Journal of Coastal Research, 2019, 94: 727-731.

[3] Yin C, Ke Y, Chen J, Liu M. Interrelations between sea hub ports and inland hinterlands: Perspectives of multimodal freight transport organization and low carbon emissions[J]. Ocean & Coastal Management, 2021, 214:105919-.

[4] Wang K, Ng A, Lam J, Fu X. Cooperation or competition? Factors and conditions affecting regional port governance in South China[J]. Maritime Economics & Logistics, 2012, 14（3）: 386-408.

[5] 李振福，于少强，段钰. 基于烟羽模型的环渤海邮轮母港东三省消费腹地划分[J]. 地域研究与开发，2022, 39（2）: 20-24.

[6] 曹琳霞, 陆玉麟, 马颖忆. 基于烟羽模型的江苏港口腹地范围划分[J]. 地域研究与

开发, 2016, 35（5）: 41-46.

[7] 李欢, 徐栋. 基于实证分析的集装箱港口腹地划分[J]. 上海海事大学学报, 2020, 41（2）: 45-50.

[8] 李振福, 鲍琦, 彭琰, 等. 中国邮轮始发港消费腹地的断—电模型划分[J]. 大连海事大学学报, 2021（3）, 72-82.

[9] 初良勇, 许小卫. 考虑货—港双方利益的港口经济腹地划分模型[J]. 中国航海, 2015, 38（3）: 117-120.

[10] 胡列格, 段娟. 两种港口经济腹地范围划分方法的对比——实现港区两型发展的途径[J]. 系统工程, 2013 31（2）: 37-41.